Nadia Padovani Gresini

Gresini Racing

Quando la vita si mette in moto

CAIRO

Si ringrazia Sportmaster Consulting per aver reso possibile la realizzazione di questo libro, favorendo l'incontro con una realtà straordinaria come Gresini Racing e l'opportunità di raccontare la loro storia. Un ringraziamento speciale va a Carlo, Pietro e Michele per l'impegno, la dedizione e l'entusiasmo che hanno riservato a questo progetto.

Si ringrazia Gresini Racing per le foto di copertina e dell'inserto fotografico.

Testi in collaborazione con Andrea Mercurio

ISBN 978-88-309-0524-5
Prima edizione: settembre 2025

GRESINI RACING

Sommario

I sogni non muoiono, cambiano forma.
E quando corrono insieme al vento, vincono!

Introduzione

Mi chiamo Nadia Padovani e questa è la mia corsa più lunga. Non è fatta di curve e rettilinei, né di bandiere a scacchi. È una corsa iniziata molto prima che salissi su un palco o apparissi davanti a una telecamera. È la corsa della mia vita, quella che ha avuto inizio tra le pieghe semplici di una normalità fatta di sogni condivisi con l'uomo che amavo, Fausto. Lui era il cuore pulsante della sua squadra, della nostra famiglia. Io ero lì, dietro le quinte, dove si costruisce la forza senza rumore. Quando lui è volato via, troppo presto, in quel silenzio assordante ho sentito una voce chiara dentro di me: «Continua!». Allora ho fatto quello che le donne sanno fare quando non resta nulla: ho raccolto i pezzi, li ho stretti al petto, e ho ricominciato. Non per cercare visibilità o gloria, ma connessione, verità e forse anche guarigione. Provare a trasformare il dolore in qualcosa che può ispirare e far riflettere. Così è nata una nuova me, una donna che non aveva mai sognato di guidare una squadra in MotoGP, ma che ha imparato a farlo con il cuore, l'istinto e una volontà che non accetta limiti.

Poi è arrivata «la prima vittoria con Enea». Non è solo una frase, è un mondo intero. È un nodo alla gola, un'esplosione di emozioni, un traguardo che parla di amore, forza, memoria e futuro. Non è stata solo una gara, non è stata solo una vittoria. Quel giorno portavamo dentro di noi una presenza che non si vedeva, ma che si sentiva in ogni respiro, in ogni scelta, in ogni curva affrontata. La prima vittoria è stata il suono della speranza che rompeva il silenzio. La conferma che il nostro cammino, così fragile e così forte, aveva un senso. Mi sono chiesta mille volte: *cosa avrebbe detto Fausto?* Ma poi ho capito che in quella vittoria c'era anche lui. Nel lavoro silenzioso dietro le quinte, nel coraggio che abbiamo avuto per rimetterci in piedi, nel sorriso di Enea, giovane e fiero come lo era Fausto quando sognava da pilota. Quella bandiera che si alzava era un braccio tra passato e futuro. Era un messaggio: «Siamo ancora qui insieme» e io, in mezzo a tutto questo, ho sentito qualcosa che non si può spiegare a parole, anche se ci provo, assieme a chi mi ha aiutato, con questo libro. Forse era gratitudine. Forse era dolore che smetteva, per un attimo, di far male. Forse era amore. Quello che resta. Quello che vince.

Prologo

Enea esce dalla traiettoria di Márquez e si prende la terza posizione. Al settimo giro, Pol Espargaró, su Honda, guida il Gran Premio del Qatar. Dietro c'è Brad Binder, su KTM. E poi noi. Nel box esultiamo. Pugni alzati, cinque che si scambiano, occhiate complici di moderata e composta euforia, subito rientrata sotto il dominio della concentrazione. Ognuno col proprio ruolo, siamo tutti su quella moto. Bastianini dà gas e la governa come se la conoscesse da sempre, eppure questa è la sua prima gara in sella alla nostra Ducati. La tiene lì, continuando a macinare chilometri nella stessa posizione, mentre a bordo pista sono tutti incollati ai monitor. Solo io, a tratti, discosto lo sguardo, rivolgendolo a uno schermo più grande, il cielo nero di questa notte araba, chiedendomi come si veda da lì.

Qua, i commenti sono di carattere esclusivamente tecnico. Io, però, taccio. Il mio serbatoio di sensazioni ribolle, il carburatore di parole che ho in gola è otturato dalla tensione. Non me ne esce neppure una, quindi scappano fuori dagli occhi. Una lacrima che ha troppo da dire scatta sulla guancia più veloce del nostro pilota. «Stai zitta» la riprendo, nascondendola sotto la mascherina. Non mi ha visto nessuno. Nessuno tranne Ilenia, che mi osserva con un sorriso amorevole. Io la scorgo a malapena, sotto una tenda di liquide emozioni trasparenti che mi vela gli occhi. Stanno tutte lì ammassate, tra l'iride e la sclera, rombando come le moto sulla griglia di partenza in attesa del semaforo verde. Vibrano, quando Enea supera Binder al diciassettesimo giro. Secondi! Siamo secondi. «Stai tranquilla» prova a calmarmi Ile «mancano ancora sei giri.»

Come faccio a stare tranquilla? Inspiro, sentendo qualche sobbalzo del fiato, che scende a intermittenza fino ai polmoni. Qui viene trattenuto dalla paura o da qualcosa non ben identificato, che comunque la ricorda molto. Lo risputo fuori al diciannovesimo giro, a quattro dal traguardo, quando la moto azzurra e rossa numero 23, la nostra, infila sul rettilineo la Honda che era al comando. Espargaró si allarga troppo, alla curva successiva, e viene superato anche da Binder e Álex Márquez. Enea Bastianini è primo e sembra intenzionato a restarci. Siamo davanti a tutti e manca un giro alla fine. Un giro solo, che però non passa mai. Un minuto e cinquantaquattro secondi sembra durare ore, giorni, mesi. I mesi, al contrario, sembrano volati più in fretta di un giro da pole. Ne sono già passati tredici.

Mi sento in colpa. Il lockdown è una delle pagine più cupe nella storia dell'umanità dall'ultimo dopoguerra, per questo non lo dico a voce alta, non ne ho la spudoratezza, però lo penso e lo ammetto silenziosamente a me stessa: è un momento bellissimo. Fausto taglia l'erba, vernicia le pareti, passa il pennello sui muri e uno molto più piccolo sui miei capelli. Mi fa la tinta. Se un veggente, un astrologo, un cartomante o uno stregone indù mi avesse rivelato una simile immagine, avrei riso di gusto, dando del cialtrone a chiunque avesse avuto l'ardire dissennato di descrivere uno scenario così fantasioso. Al massimo, spingendomi al limite delle congetture più audaci, sarebbe stata una situazione idealizzata nella proiezione di un'idilliaca pensione, tra venti o trent'anni, ma sarebbe stato difficile, molto, persino in quel caso. Invece è reale. L'uomo che credo di non aver mai visto per un intero giorno feriale a casa con me è qui e si dedica alle più banali e quindi straordinarie attività. L'epidemia ci ha permesso di stare insieme come non abbiamo mai fatto.

All'inizio andava fuori di testa. La sospensione delle gare implicava una serie monumentale di problemi da risolvere con urgenza: rivedere le sponsorizzazioni, pianificare una nuova stagione di cui nessuno poteva immaginare le condizioni, gestire le spese fisse invariate, a fronte di incassi decapitati. Non ci sono solo i dipendenti, che devono percepire regolarmente lo stipendio, com'è naturale che sia. Ci sono anche moltissimi collaboratori, esterni, ma parte integrante e fondamentale dell'azienda, per cui Gresini Racing è fonte di reddito. Ne sente la responsabilità e dunque ha deciso di continuare a pagare regolarmente anche loro, pur non essendone obbligato da contratto.

Smaltita l'agitazione dei primi mesi, però, si è «rassegnato» alla forzata vita domestica, a una dimensione bucolica per noi fantascientifica. Trova da fare in campagna, nel nostro casale, ed è addirittura sereno. Il clima nazionale, tuttavia, è apocalittico. Il bollettino medico diffuso quotidianamente dai media è da conflitto bellico. La conta dei caduti viene aggiornata drammaticamente ogni ventiquattr'ore e questo ha delle ripercussioni sulla valutazione del futuro, spogliato dell'ottimismo solitamente idealizzato e brutalmente concretizzato in una cena di ottobre: «Nadia, devo dirti una cosa. Se mi succede qualcosa, vendi. Vendi tutto. Prendi i soldi, cresci i nostri figli e mettiti al riparo da questo lavoro. È un ambiente impossibile da gestire».

Resto con la forchetta a mezz'aria e la bocca aperta. Non più per accogliere il boccone, ma per il colpo inatteso, a cui rispondo con distanza: «Ma secondo te? Non ci penso neanche a mettermi al tuo posto. È l'ultimo dei miei pensieri. Anzi, viene molto dopo l'ultimo dei miei pensieri, se ti può far stare tranquillo. Ma poi cosa ti salta in mente? Come ti viene una roba del genere? Stiamo benissimo. Stai benissimo. Smettila di fare questi discorsi, per favore».

A novembre finisce il campionato più insolito e complicato nella storia della MotoGP. Iniziato solo a luglio, è proseguito senza pubblico, tra infinite precauzioni e prescrizioni rigidissime. C'è da programmare la prossima stagione, il che, di solito, è un lavoro lungo, faticoso e snervante. Di solito. Eccezionalmente, infatti, alla fine del 2020 tutti i budget sono chiusi. Carlo Merlini, il nostro direttore commerciale e marketing, ha formalizzato tutti i contratti con gli sponsor. Non era mai successo con un così largo anticipo. Fausto è tranquillo e mi annuncia di dover far visita ad alcuni sponsor, la settimana prima di Natale.

«Ma dove vai?» lo riprendo. «Che bisogno c'è?»

Ovviamente ci va lo stesso. Qualche giorno dopo lo sento tossire, ma lui ne è incurante. «Domani vado a caccia» mi annuncia un sabato pomeriggio. Lo invito a ripensarci: «Guarda che i cinghiali ci sono anche la settimana prossima, stai a casa tranquillo. Non senti che tosse secca che hai?».

«Dai» mi rassicura «vado solo al mattino. Sarò qui per pranzo.»

12.30. 13.00. 13.30. Non arriva. Gli telefono: «Hai detto che tornavi per pranzo» lo rimprovero «ma non hai specificato di che giorno».

«Scusa» si giustifica «abbiamo deciso di andare in riserva. Sto poco.»

Rincasa alle 23.30, sfinito. «E pensa se non avessi voluto starci poco »

Il giorno dopo ha qualche linea di febbre e, come da prassi, fa subito un tampone. È positivo. La temperatura resta sotto i trentotto gradi, poi, giovedì, si impenna improvvisamente. Viene ricoverato a Imola, ma non riesce a stare lontano dal team, quindi è quotidianamente al telefono con Carlo, al quale esprime le proprie preoccupazioni. Il suo (il nostro) direttore commerciale, come tutti, non è allarmato e cerca di infondergli la propria serenità: «Fausto, la profilazione della malattia è lontana da te. Sei anziano?».

«No» replica confortato.

«Hai gravi patologie?»

«No.»

«Vuoi vincere?»

«Sempre.»

«E allora stai tranquillo e torna a casa.»

Mio marito, in effetti, non è un soggetto a rischio, lo ripetono anche i dottori. La notte tra il 28 e il 29 dicembre, però, ricevo una telefonata dall'ospedale. Mi avvisano che Fausto va portato d'urgenza al Maggiore di Bologna. Sono preoccupata, terrorizzata, lui mi fa una videochiamata durante il trasferimento e io cerco di rassicurarlo dicendogli che andrà tutto bene. Va in terapia intensiva. Viene intubato e tenuto in coma farmacologico fino al 9 gennaio, alla vigilia del compleanno della nostra quarta figlia. Agnese, la più piccola, che compie dieci anni. Riusciamo a organizzare una videochiamata con Fausto. Fa una gran fatica a parlare, non riesce a proferire le parole e per noi non è facile leggergli le labbra. Lui non lo sopporta. È un uomo che ha sempre il controllo di tutto, non tollera la menomazione, l'incapacità di farsi comprendere, e si incazza. Servono dei sedativi. Nel suo stato è meglio che non si affanni, ma ha un carattere troppo focoso, passionale, vivo. Confinarlo in quel letto, in quello stato, è come togliere il fuoco dalla bocca di un drago, costringendolo a tossicchiare qualche nuvoletta di fumo. Non per niente lo hanno soprannominato Grisù. Succede anche quando vado a trovarlo. Nei giorni seguenti entro in reparto bardata come un'astronauta ed è proprio come se fossi sulla luna, ma senza casco. Mi manca l'aria. Lui è la mia aria. «Che succede?» chiedo preoccupata ai medici. «Che cos'ha?»

«Complicazioni da COVID-19.»

Non posso vederlo così, non ce la faccio. Resisto solo un'ora e devo scappare. Vuole continuare a lavorare per il team. Prova a comunicare meglio scrivendo e buttiamo giù i colori della prossima livrea, ma si stufa presto, la penna è troppo lenta rispetto ai suoi pensieri. Si sforza di parlare, io non lo capisco e quindi si arrabbia.

Ci sono documenti importanti da firmare, quindi facciamo una procura che mi consenta di agire per lui. Io, però, non sono lui, quindi mi limito a scrivere il mio nome sotto i documenti che i nostri collaboratori mi mettono davanti. Mi fido ciecamente di loro, come si fida lui.

È di questo virus bastardo che non mi fido. Mi puntano in faccia le sue condizioni come una roulette russa: un giorno sta meglio, quello dopo potrebbe essere l'ultimo.

«Sta bene.»

«Non ce la farà.»

«Uscirà presto.»

«Non uscirà.»

I rumori della terapia intensiva strisciano nelle mie orecchie come unghie sulla lavagna. I suoi vicini di letto, che il giorno dopo vengono portati via sotto un lenzuolo, sono una tortura psicologica da Guantánamo.

La mattina del 22 febbraio 2021, il primario mi informa che i globuli bianchi sono aumentati. Gli anticorpi reagiscono, quindi. È come riprendere fiato sul terrazzo di un grattacielo, da cui, però, vengo spinta giù alle sei del pomeriggio. «Signora, lo stiamo portando d'urgenza a fare una TAC al cervello. C'è il sospetto di un'emorragia cerebrale.»

Tremo col telefono in mano. Mio figlio Luca sviene. Le bambine, Alice e Agnese, scoppiano a piangerre. Corro in ospedale con Lorenzo, sua sorella Barbara e il marito Danilo, e gli sediamo accanto. Lo stringiamo nell'amore di una moglie e di un figlio, accompagnandolo fino a dove possiamo, fino alle soglie di questa vita, dove il suo ultimo respiro ci sbatte la porta in faccia, chiudendoci dall'altra parte.

Ho un casino, per la testa che il frastuono di un Gran Premio, a confronto, è il cinguettino delle capinere in aperta campagna. Ci sono da prendere decisioni importanti e in fretta. Negli ultimi sei anni, il progetto sportivo è stato gestito a quattro mani con l'Aprilia. Loro si occupano dello sviluppo moto, noi di quella che si chiama Race Operation, cioè la squadra, la logistica e tutto quello che sta addosso e attorno alle due ruote. Sta per iniziare l'ultimo anno di contratto con loro, ma Fausto non era intenzionato a rinnovarlo, voleva riprendere la strada in maniera autonoma. Ci sono diverse opzioni sul tavolo. Quella della Suzuki, che a lui piaceva. C'erano KTM, ancora Aprilia, che voleva comunque mantenere Gresini come team satellite, e Ducati.

«Bisogna decidere in fretta» mi incalzano, ma io non so davvero di cosa stiano parlando. Mi rimbombano nella memoria le parole che mio marito mi ha lasciato in quella sera di ottobre: «Vendi tutto. Vendi tutto. Vendi tutto». Mi rimbalzano da un orecchio all'altro, amplificandosi, anziché scemare come un'eco qualunque. «Voglio continuare!», quindi vaglieremo accuratamente le alternative, scegliendo quella che sarà la migliore per tutti. Prima, però, c'è il funerale.

Mi chiedono di preparare un discorso. Ci provo, ma non so da che parte girarmi. Ovunque mi volti sento chiasso. Mi urlano dentro il dolore, lo strazio, la preoccupazione per il futuro, la sua lacerante mancanza, le tante persone di cui aveva la responsabilità, i nostri figli, il suo nome da onorare. Sono arrabbiata e con la penna in mano, usata come bastone, percuoto la sofferenza, facendomi strada nella confusione a colpi di parole, scritte di getto e lette davanti a tutti: «Ciao, amore... Hai vissuto gli ultimi mesi della tua vita in un inferno, ma tu non hai mai mollato. Hai lottato, con tutte le tue forze, per tornare a casa da noi. Perché noi, ci dicevi, eravamo la tua forza. La tua grande forza e il tuo grande amore ci accompagneranno per tutta la vita. Hai dato tanto a questo mondo. Hai insegnato tanto a me e ai nostri meravigliosi figli. Niente sarà più lo stesso senza di te, ma cercheremo di non deluderti. Noi restiamo in pista e dimostreremo al mondo chi è la Gresini Racing!».

Cinque chilometri e trecentottanta metri. Tanto ci separa dalla bandiera a scacchi. Subito dopo il funerale, ho pensato di aver esagerato. Dimostreremo al mondo chi è la Gresini Racing? Dimostreremo? Ma che ne sapevo io di come si gestisce un team di corse? Nella stagione di transizione, Carlo, Ilenia, Andrea ed Enrico mi hanno tenuto per le mani, come si fa con un bambino per sorreggerlo, mentre muove i suoi primi passi. Gli uomini e le donne della Gresini mi sono stati attorno. Tutti pronti a lanciarsi per terra e attutire la caduta, se avessi perso l'equilibrio. Lavoravo in ufficio, poi ho iniziato a seguire la squadra in qualche tappa europea. Questa, invece, è la prima extra europea di una stagione in cui ho deciso di esserci sempre, come ha fatto e avrebbe continuato a fare lui.

Bastianini fila, davanti a Binder ed Espargaró. Si piega a destra, nella prima delle sedici curve che mancano. Lo vedo attraverso una fessura delle dita, perché ho le mani in faccia per la tensione e mi finiscono anche sugli occhi. Giù a sinistra, destra e ancora a sinistra. Il mio stomaco si piega con la sua Ducati e le scintille che fa, a contatto con l'asfalto, mi infiammano la gola. Enea gira fluido, disegnando le traiettorie senza sbavare di un centimetro. Spinge, ma non esagera. Controlla la KTM alle sue spalle, pronto a sventare un ultimo eventuale e disperato attacco. Binder si aggrappa con gli artigli alla speranza di un suo auspicato errore, ma Enea è impeccabile. Il cuore picchia più di un pistone a ventimila giri, credo. Non capisco nemmeno se sia il mio o quello di

Carlo, a cui sono vicina. Siamo in piedi, con gli occhi in alto sulle immagini e le orecchie tese ad ascoltare il passato. Quel passato che romba ancora più forte quando Binder si avvicina a Enea. Lui lo tiene dietro e i meccanici sfrecciano fuori, ad aspettarlo al muretto. Enea compare all'ultima curva. Il cupolino col numero 23 attraversa la linea, sotto la bandiera a scacchi che gli sventola sopra. Il pianto sfonda la diga della ragione e mi inonda il viso, finendo anche sulla spalla di Carlo. Ci abbracciamo, forte, sapendo di stringere chi ci sta in mezzo, anche se non si vede.

Attorno è il delirio. Saltano, si abbracciano tutti, nessuno sa come contenere una gioia così grande, così dirompente, così attesa e, nello stesso tempo, inaspettata. Io singhiozzo ancora addosso a Merlini, con la mano appoggiata sulla sua schiena o, meglio, sul nome che ha impresso dietro la camicia: GRESINI.

Sul gradino più alto del podio, Enea mi stringe e mi solleva. «No, Enea!» esclamo ridendo. «Sono più pesante di te.» Lui, però, è forte e mi alza da terra. Solo pochi centimetri dal suolo, eppure mai così vicina al cielo.

1

Where is Gresini?!

Quando nasci a Imola, non sei una persona. Sei un pilota. Sempre appartenente al genere umano, alla specie dei mammiferi e al regno animale, ma con uno specifico sottogruppo evolutivo che la scienza non è ancora in grado di spiegare. Una leggenda narra che i parti, qui, avvengano dopo soli sette-otto mesi di gestazione, perché i bambini corrono anche in fase embrionale. Un'antica tradizione locale racconta che non è un'ostetrica a farti venire al mondo, ma un meccanico. Le coordinate geografiche si oppongono alle leggi della natura: qui prima impari ad andare in moto e solo dopo a camminare. Quando nasci a Imola non si taglia il cordone ombelicale, si taglia il traguardo. Quando nasci a Imola, sul portone di casa non viene affisso un fiocco, rosa o azzurro, ma una bandiera a scacchi. Quando nasci a Imola, la velocità è nel tuo codice genetico.

Fausto Gresini è nato a Imola e ha frequentato una sola classe: la 125. Nel 1982, a ventun anni, debutta nel Motomondiale e tre anni dopo, con la Garelli, vince il primo titolo iridato. Nel 1986 arriva secondo nella classifica generale, ma dodici mesi dopo si riprende prepotentemente la corona di campione del mondo, conquistando dieci vittorie su undici Gran Premi. Nella stagione successiva corre poco, per via di un infortunio che lo tiene lontano dalle piste e di una moto non troppo performante. Ha bisogno di cure e le riceve da una ragazza che, dopo aver frequentato la scuola per infermieri, trova impiego nell'ospedale Bellaria di Bologna.

Se quando nasci a Imola sei cromosomicamente un pilota, chiunque abiti in tutta l'area perimetrale dei circuiti romagnoli e marchigiani è un appassionato di moto, e Nadia non fa eccezione. Segue tutti i Gran Premi, anche quando è di turno, correndo davanti a una TV tra un campanello e l'altro, suonato dai pazienti. Per le gare più avvincenti, se è di servizio, chiede un cambio alle colleghe, riempiendosi di turni, doppi o tripli, nella settimana dopo. Non importa se è faticoso, deve guardare il Motomondiale, soprattutto quando quello in gara è il suo fidanzato. Fausto e Nadia si mettono insieme nel 1988 perché un amico comune li fa incontrare e non si lasceranno mai più.

La compagna non si cambia, ma la scuderia sì. Quindi Gresini passa all'Aprilia nel 1989 e alla Honda l'anno seguente, quando, però, una brutta caduta complica l'intera stagione. A seguito dell'infortunio è relegato al ruolo di secondo pilota, che Fausto interpreta non in senso gerarchico, ma cavalleresco. È più una chioccia, uno scudiero del diciassettenne Loris Capirossi, cresciuto nel suo mito. Quando Fausto vinse il suo primo mondiale, Loris era un ragazzino e, abitando a Imola, a pochi passi da casa sua, andava a osservarlo di nascosto, timidamente, quando tornava in città. Fantasticava sulla vita da pilota del suo vicino, sognando di imitarne le gesta, e ora si trova in scuderia proprio con lui. Nel 1988, il primo anno delle moto monocilindriche in pista, Fausto correva con un'iconica Garelli nera e, assieme ad altri piloti, fece dei test nel circuito dove si tenevano i campionati italiani in cui gareggiava il quindicenne Capirossi. Il ragazzo fece un giro con lui e non gli pareva vero. Trovarsi accanto (più o meno, data la maggior velocità di Gresini) al suo mito era un'emozione che gli sarebbe rimasta impressa anche molti anni dopo le corse. Per questo, Loris non potrebbe desiderare nessun altro a coprirgli le spalle nell'ultima gara del mondiale, il 16 settembre 1990, a Phillip Island, in Australia. Loris è secondo in classifica, con centosessantadue punti, dietro il tedesco Stefan Prein (centosessantanove) e davanti all'olandese Spaan (centosessanta). Prein esce dopo un contatto con Alex Gramigni, quindi diventa una sfida a due. Chi arriva davanti vince il mondiale.

Al via, Loris non parte benissimo. Spaan vede la

schiena di Fausto che fa da tappo, favorendo il recupero del compagno che, intanto, scala le posizioni, portandosi in testa. L'olandese ha davanti un muro che non riesce ad aggirare. L'esperienza del due volte campione iridato è tale da costringerlo a stare dietro con manovre ai limiti del regolamento. Forse anche un po' oltre, tanto che l'olandese, in piena bagarre, lo affianca e gli dà platealmente un pugno sul casco. Loris Capirossi è campione del mondo (ancora oggi, il più giovane campione del mondo del Motomondiale). Arriva in volata davanti a Bruno Casanova e Doriano Romboni. Fausto, un gradino sotto il podio, ha lasciato a Spaan la quinta posizione e un incontenibile attacco d'ira per il titolo sfumato. Quando questo scende dalla moto, afferra una chiave inglese e si lancia a caccia dell'odiato italiano.

«Where is Gresini? Where is? Gresiniiii!»

Gresini si è chiuso nel box. Sente, ma, ovviamente, non apre. Dietro la saracinesca se la ride e festeggia il compagno che diventerà rivale e poi pupillo.

Nel 1991, infatti, la lotta per il titolo è tra loro due. Lo conquista ancora Capirossi. Fausto è secondo, come l'anno successivo, stavolta dietro Gramigni. Comunque una mirabile e costante sequenza di punti costella la sua strepitosa carriera, prima di un biennio inzuppato di problemi che lo costringono sempre giù dal podio nel 1993 e nel 1994. Per stappare lo champagne deve aspettare la stagione successiva, non con il team, ma con Nadia. Non in un circuito, ma all'ospedale in cui nasce Lorenzo, il loro primo figlio.

L'amore, la paternità, un senso di nuova e inedita responsabilità familiare e la voglia di guardare il mondo senza casco lo portano a prendere la decisione che vagliava da un po', ma che non riusciva ad accettare per la forza della passione: ritirarsi dalle gare. Un pilota senza più la tuta si sente come un guerriero privato dell'armatura. Non può scendere in battaglia, ma... può comunque condurla. Senza la visiera si riesce a guardare oltre le curve, più in là del traguardo e lontano dalla pista. Fausto, così, vede il suo futuro e condivide i suoi piani con la compagna: «Lascio le corse. L'anno prossimo farò il manager di Capirossi. Poi vediamo».

Nadia tira un sospiro di sollievo. È felice di non sentire l'assordante grancassa del cuore in tumulto ogni due domeniche, perché, con la famiglia che cresce, la paura si avverte amplificata. Però non è che lo voglia proprio tra i piedi tutto il giorno. Non si immagina a passare intere giornate con Fausto chiuso tra quelle mura. Sarebbe stato un leone in gabbia e il rischio che la sbranasse si sarebbe rivelato tanto concreto quanto allarmante. Stare lontano dai motori, per lui, sarebbe come passeggiare sulla luna senza ossigeno. Con questa scelta, invece, può continuare a respirare, senza correre i rischi di ogni nuova missione. Tutti contenti, quindi: Nadia, Fausto e Loris.

I due hanno stretto un rapporto simbiotico. Vanno in macchina insieme a tutte le gare europee. Sono solo loro due, sul Mercedes 250 diesel di Fausto. Appena finisce la corsa della classe 125 tornano subito a casa. Non guardano nemmeno la gara delle 250. Passano dai box o dal podio alla macchina. Entrambi non vedono l'ora di tornare in famiglia e ci arrivano in pochissimo tempo, perché Fausto rispetta i limiti, sì, ma i limiti dell'auto. Se il tachimetro arriva fino a duecento chilometri orari, non scende mai sotto, anche perché in alcuni stati come la Germania, per esempio, è una velocità consentita. Hockenheim-Imola (novecento chilometri) in cinque ore, compresa una sosta in autogrill. Sono colleghi, compagni, amici e molto di più. C'è addirittura un vincolo sacrale, perché Loris fa da padrino a Lorenzo, il primogenito dei Gresini.

E mentre Fausto passa dal Giappone all'Australia, dalla Francia alla Spagna, seguendo il suo pilota, Nadia studia da manager sul campo, partendo dalle basi: si occupa della casa e dei bambini, gestisce l'amministrazione domestica, pianifica il futuro, aspetta ai box il compagno per una rapida sosta, per poi salutarlo dopo avergli messo il pieno d'affetto nel serbatoio.

Sperava che Fausto facesse il manager, anche se non ha mai creduto davvero che potesse stare lontano dalle piste. L'idea di averlo in famiglia quotidianamente, come un qualunque lavoratore stanziale, oltre a essere poco realistica sarebbe stata anche inattuabile, perché le volte in cui Fausto si ferma a casa vanifica il training educativo faticosamente impartito ai bambini in sua assenza.

«Mamma, posso questo?»

«No!»

«Posso quest'altro?»

«No!»

Così per una settimana, dieci giorni. Poi arrivava il signor Gresini.

«Papà, posso questo?»

«Sì, puoi.»

«Posso quest'altro?»

«Ma certo!»

Nell'estate del 1996, Fausto va a Misano Adriatico col piccolo, ma, anziché stare in spiaggia o immersi nell'acqua, padre e figlio stanno in pista, in mezzo ai motori. Sono la miccia e la polvere da sparo che entrano in contatto e, quando ciò accade, non può che nascere una bomba. Serve solo la scintilla e questa è un'idea. Un'idea esplosiva.

2

Facciamolo!

Nel 1995 Fabrizio Cecchini, detto Cecco, lavorava nel Team Pileri, nella classe 500, con il pilota Alex Barros. Fausto faceva il coach di Loris Capirossi ed è su queste piste che si sono incontrati. È nata subito un'amicizia vera, profonda, basata sulla stima e sulla fiducia. Un bellissimo rapporto anche fuori dai circuiti, quando si incontrano con le rispettive famiglie.

Fabrizio abita sulla riviera romagnola, a Misano Adriatico. Ha affittato un piccolo capannone, dove anche Fausto trascorre il suo tempo libero, portandosi dietro Lorenzo, mentre Nadia e Sabrina, la moglie di Fabrizio, trascorrono le giornate al mare. Un giorno, la Honda Giappone chiama Cecco per chiedergli di fare il capo tecnico nel team ufficiale con il pilota Tadayuki Okada.

«Ma...» tituba «non saprei. Lasciate che ci pensi.» Proprio in quei giorni riceve un'altra proposta da Honda Brasile. Vogliono fare un team in Italia, perché hanno in cantiere il progetto di costruire una moto bicilindrica che vorrebbero affidare ad Alex

Barros. Cecco chiama immediatamente Fausto e gli racconta del progetto, ed ecco la scintilla che fa detonare il potenziale dei due: «Lo facciamo?»

«Ma sei fuori di testa?» replica Fausto inizialmente. «Sai quanti soldi servono per fare un progetto nella classe regina?» Cecco lo rassicura, spiegandogli che è pagato per la maggior parte dalla Honda. Fausto, allora, ne parla con il suo avvocato di fiducia, Tullio Matarese, e insieme si recano da Fabrizio. «Ecco» attacca lui mostrando loro il fax ricevuto dalla Honda, con tutti i dettagli del progetto.

Fausto sgrana gli occhi entusiasta e prorompe in un'esclamazione: «Allora è tutto vero. Facciamolo!».

Poi prova a stemperare l'euforia con una secchiata di ragione, chiedendo al legale: «Tullio, tu cosa ne pensi?».

«È una proposta molto interessante» concorda «ma dobbiamo andare in Brasile per stipulare un contratto di collaborazione con la Honda.»

Neanche il tempo di finire la frase che Fausto ha già le valigie in mano. «Partiamo!»

Fausto e Tullio tornano in Italia con un contratto firmato con Honda e un altro con il pilota, Alex Barros. Manca solo un dettaglio, come fa presente Fausto: «Cecco, adesso dobbiamo ordinare le moto». Fabrizio, quindi, chiama la Honda Racing Corporation in Giappone e, dopo alcune settimane, le due ruote arrivano in Italia, a Misano Adriatico.

Sono come dipinti di Van Gogh e Monet accolti da due intenditori d'arte. Le scrutano, perlustrando ogni centimetro con aria ammaliata, le accarezzano, addirittura parlano con loro: «Benvenute a Misano».

C'è un solo problema. I quadri d'autore vengono custoditi in musei dotati di imponenti sistemi di sicurezza, ma... come si fa con le moto? Il piccolo capannone di Cecco non ha l'antifurto. Dove mettere, quindi, questi due gioielli molto costosi?

«Ce l'ho!» esclama Fabrizio, a cui si è accesa la lampadina di un'idea così brillante che sembra visibile nella nuvoletta sopra la testa, come nei fumetti.

«Dove?» ribatte Fausto. «Dove le vuoi mettere?»

«A casa dei miei suoceri, hanno un soggiorno spazioso.»

Così le moto trovano casa, letteralmente. Conoscendo la rinomata accoglienza dei romagnoli, non ci si stupirebbe se i suoceri di Cecchini le accogliessero anche a tavola o se, come si può fantasticare senza allontanarsi troppo dalla realtà, rimboccassero loro i copertoni tutte le sere, augurando «buona notte» con un bacino sul serbatoio.

Nel frattempo, Fausto e Fabrizio organizzano la squadra e tutto quello che serve. Cercano quattro meccanici, un tuttofare, un autista e un telemetrista (Diego Gubellini). L'avvocato Tullio Matarese e il giovane commercialista Andrea Visani, entrambi di Faenza, decidono che la sede legale del neonato team sarà in questa città. Fabrizio è il capo tecnico, quindi il reparto corse viene localizzato a San Clemente, a due passi da Misano Adriatico.

«Firma qui, firma là. Qua le mani.» Si è costituito il primo team indipendente di una squadra Factory nella storia della MotoGP. Il suo nome è Gresini Racing.

3
Tutto qui

C'è un brasiliano, un romagnolo e pochi altri. Sembra l'inizio di una barzelletta, invece è quello di una storia, la storia di un lungo e crescente successo, che inizia ufficialmente il 13 aprile 1997, data del primo Gran Premio a cui partecipa una nuova scuderia, appena fondata: la Gresini Racing. Si gira in Malesia, dove Alex Barros conclude la sua prima gara col team di Fausto all'undicesimo posto. Sono i primi cinque punti di tutti quelli che delineeranno il percorso di crescita dell'azienda che ha sede ufficiale a Faenza, ma operativa a San Clemente, una manciata di chilometri da Misano Adriatico. È qui che c'è lo zoccolo duro dei meccanici italiani, tutti romagnoli, che ogni due settimane si staccano dalla terra natia per portare la loro competenza nei circuiti internazionali. Ogni corsa è un test, per valutare il lavoro svolto e aggiungere qualcosa, cambiare, per migliorare in vista della successiva e puntare al podio, dove Barros sale il 17 agosto. A Donington, in Gran Bretagna, la sua Honda NSR500 V2 arriva terza, dietro altre due, marchiate Repsol, *main sponsor* che alla fine degli anni Novanta fattura qualcosa come quattro o cinque trilioni di peseta, l'equivalente di venticinque miliardi di euro. Niente male per il giovane e modesto team satellite della casa giapponese. Cos'è un team satellite? È la scuderia che riceve dal costruttore (in questo caso la Honda) le moto, che hanno però sempre un gap deficitario rispetto a quelle del team Factory (team direttamente gestito dal costruttore che usa moto più nuove e ha accesso diretto agli sviluppi tecnici). Grazie al duro lavoro di Fabrizio Cecchini, la prima stagione si conclude col nono posto del pilota brasiliano nella classifica mondiale della classe 500. Bene, ma possiamo fare meglio, pensa Fausto, che intanto si divide tra i circuiti, il reparto corse, dove i meccanici di Misano lavorano, gli sponsor, a cui fa visita direttamente, e l'ufficio di Via Paganelli, a Faenza, dove compila documenti, manda e riceve fax, fa i conti e i contratti per preparare la nuova stagione. Quelli che rientrano sotto la più onorevole formalizzazione di «budget» o «bilanci» sono ancora scarabocchi scritti a penna su fogli volanti. Ha bisogno di una mano, gli serve qualcuno che si occupi di tutta la parte amministrativa, affinché lui possa pensare solo a quella pratica, così sparge la voce tra i conoscenti della zona e arriva a un gruppo di ragazze tra cui ce n'è una neodiplomata in cerca di un impiego. «Ma lo sai che c'è un ex campione del mondo, qui di Faenza, che cerca personale?» le fanno sapere le amiche. «Davvero?» si interessa lei. «Allora lo chiamo, dammi il numero.»

Gli telefona e il colloquio si tiene in un bar di Faenza, dove Ilenia Valentini viene assunta dal Team Gresini come «responsabile amministrativa», il che, tradotto in termini operativi, significa «tutto quello che c'è da fare fuori dalla pista». Inserisce in Excel tutti i numeri appuntati da Fausto, fa conti, preventivi, pagamenti. Fa da ragioniera e segretaria, ma anche da ufficio stampa, perché nei weekend di gara Fausto le invia via fax i comunicati delle prestazioni, che lei trasmette agli sponsor. Il tutto in un ufficio di quattro metri per tre, composto da una scrivania, una sedia, un fax, un modem a 56k e un minuscolo bagno. Tutto qui. Ilenia racconta il lavoro del team in una cartelletta con la presentazione che distribuisce agli sponsor, nella quale trova un posto di rilievo la nuova moto di Barros, la Honda NSR 500V2 che esordisce in Giappone con un settimo posto più che dignitoso, si inceppa al Gran Premio successivo, in Malesia, ma poi si riprende, inanellando una serie di risultati positivi, tra cui due podi, che portano il pilota brasiliano al quinto posto nella classifica mondiale definitiva. «Bene» è soddisfatto Gresini «ma possiamo fare di più», a cominciare dalle moto. La competizione sale di livello, come il lavoro dei meccanici, a seguito della decisione di Fausto di correre nella classe 250. Il pilota ce l'ha e non è uno dei tanti. È il migliore della sua categoria, il campione del mondo in carica, nonché suo grande amico ed ex compagno in pista, il padrino di suo figlio: Loris Capirossi. Il 18 aprile 1999 si presentano a Sepang e Loris centra la sua prima vittoria, che si ripete il 26 giugno in Olanda e il 5 settembre a Imola, dove Fausto porta anche Ilenia. È il suo primo incarico fuori dall'ufficio, rispetto al quale, per dimensioni, il box sembra un superattico, ma non è certo lì per stringere bulloni e calibrare il motore. Ha altro di cui occuparsi, perché alle sue mansioni se n'è aggiunta una: l'organizzazione dell'Hospitality. L'area Hospitality è una zona privata e attrezzata nel paddock (dietro i box) dove il team accoglie sponsor, ospiti VIP, giornalisti e, occasionalmente, pochi selezionatissimi fan, per incontrare piloti e staff. Oggi le riprese televisive mostrano questi spazi attrezzati di zone lounge, sale riunioni, cucine e uffici. Insomma, l'Hospitality è il salotto del team, ma nel 1999 le cose erano un po' diverse per una scuderia a gestione familiare.

A Imola, Ilenia e alcuni amici lo mettono letteralmente in piedi, montando dei pannelli di legno assieme ai meccanici. Di cucine non se ne parla, il catering è affidato agli amici romagnoli che portano quello che hanno preparato. Un po' casareccio, ma funziona. La scuderia c'è e gli sponsor sono soddisfatti, anche perché al termine della stagione Capirossi è terzo.

La Honda Gresini mette dietro un bel numero di sfidanti con un potenziale infinitamente maggiore. Colossi come Yamaha e Suzuki devono guardare le spalle al pilota imolese che aspettava Fausto Gresini sotto casa, da bambino, sognando di diventare come lui, e ora corre per la sua squadra, una squadra i cui membri arrivano a mala pena a quelli di una compagine di calcio dilettantistica: sarebbe questo il team che mette in fila multinazionali miliardarie? I numeri e i bilanci dicono questo, ma c'è qualcosa che non quadra, così, un pomeriggio invernale del 1999, suona il citofono indicato con la targhetta GRESINI RACING nel palazzo di via Paganelli.

«Chi è?» domanda Ilenia, seccata per aver dovuto interrompere una delle sue innumerevoli mansioni.

«Guardia di Finanza. Apra, per favore.»

«Buongiorno, sono il maresciallo Tal Dei Tali, cerco la Gresini Racing.»

«L'ha trovata. Si accomodi.»

«Lei è?»

«Ilenia Valentini, responsabile amministrativa.»

Tre persone in divisa più Ilenia superano il massimo consentito da quello spazio vitale. L'ufficio è decisamente sovrappopolato, dovrebbe avere affissa la targhetta con la capienza tollerata, come gli ascensori. Il maresciallo deve strisciare con la schiena aderente al muro per passare dietro la scrivania e raggiungere i faldoni con i documenti che cerca. Ne prende in mano uno, attirato dalla scritta 1999. È tutto documentato lì, meticolosamente. Ogni spesa, ogni incasso, tutto lì.

«Okay» commenta ribadendo lo scopo della sua visita «ma io vorrei dare un'occhiata alla sede.»

«Non ho capito» replica Ilenia perplessa.

«Signorina» chiarisce il maresciallo, quasi scandendo ogni parola «io voglio sapere dov'è la sede della Gresini Racing.»

«Allora è lei che non ha capito» realizza Ilenia spiegandosi «ci sta camminando sopra! C'è il reparto corse a San Clemente, ma la sede è questa.»

Il finanziere non riesce a capacitarsi di come una società commerciale (perché questo fiscalmente è la Gresini Racing) nota a livello mondiale possa essere tutta contenuta in dodici metri quadri di un anonimo palazzo di Faenza. «Mi faccia capire bene» insiste il maresciallo «lei vuole farmi credere che il team dove corre Capirossi, di proprietà dell'ex campione Fausto Gresini, che porta due moto in giro per il mondo, spostando persone e capitali, è tutto qui? È questo che vuole farmi credere?»

«A parte le due moto portate in giro per il mondo, perché a quello provvede la Honda, sì» conferma Ilenia «è esattamente quello che le ho detto. È tutto qui!»

Lui si guarda ancora attorno, perlustrando ogni angolo dell'ufficio (cosa che non richiede più di un minuto). Si confronta con i colleghi, incrociando semplicemente il loro sguardo, e, finalmente, realizza: «D'accordo, signorina, la ringrazio. Arrivederci».

Napoleone era alto un metro e sessantotto, Giulio Cesare un metro e sessantacinque, Gandhi un metro e sessantaquattro e Voltaire un metro e sessantuno. Qualcuno direbbe mai: «Tutto qui?». Non sempre la grandezza sta nelle dimensioni visibili, basti pensare che quasi nello stesso periodo in cui la Guardia di Finanza si stupiva della sede della Gresini Racing, dall'altra parte del mondo, in California, Larry Page e Sergey Brin se la passavano peggio di Ilenia, lavorando in un garage. Immaginiamo lo stesso controllo anche là: «È questa Google? Tutto qui?».

La responsabile amministrativa li guarda scendere le scale e prima di chiudere la porta sente la conclusione dell'indagine verbalizzata dalla Guardia di Finanza: «Una segretaria, quattro mura e un fax. Tutto qui».

Facile, comunque, comprenderne lo stupore. Nel 1999, davanti a Yamaha e Suzuki si è piazzato un team satellite composto dal proprietario, una tuttofare e una manciata di meccanici di fiducia. Tuttavia, è evidente che si debba crescere, le figure professionali devono essere ampliate, sia numericamente che per competenze. Serve una persona che si occupi esclusivamente dell'ufficio stampa, per cui viene assunta una ragazza, e un'altra che avvii il marketing internamente. Fino a questo momento, infatti, Gresini aveva un nutrito gruppo di sponsor che lo supportavano da quando era pilota e altri che si erano aggiunti a seguito dei buoni risultati ottenuti. Per ingrandirsi si è avvalso anche della collaborazione di un'agenzia di Bologna. La persona di riferimento dell'agenzia è Carlo Merlini. Gli ha già procurato qualche sponsor e organizzato vari appuntamenti commercialmente proficui. Fausto ha fiuto non solo per i talenti in tuta, ma anche per quelli in giacca e cravatta, così gli fa una proposta: «Avresti piacere di lavorare con noi?».

Carlo ha trent'anni e quella sfida lo stimola incredibilmente. Si è laureato in Economia e Commercio con una tesi sulle sponsorizzazioni sportive e questo è uno sbocco che annusava da quando era ragazzo. Ha un ottimo rapporto con Fausto e crede nelle potenzialità commerciali di questa incredibile microrealtà dalla forma locale, ma dalla sostanza planetaria. «Sì» accetta «ne avrei davvero piacere. Cominciamo, c'è tanto da fare.»

È ora di allargarsi, anche materialmente. I neoassunti, dunque, assieme a Ilenia, buttano giù un muro e la sede legale della Gresini Racing raddoppia le sue dimensioni. Fausto ha affittato l'ufficio attiguo e c'è persino una macchina del caffè con le cialde. Se la vedesse ora il maresciallo... non cambierebbe nulla, ma almeno ci stanno tutti. Mentre Carlo trova sponsor, Ilenia e Fausto redigono il budget, Michela (la nuova impiegata) prepara comunicati stampa e i meccanici lavorano alla moto per la nuova stagione, Fausto trova il pilota da metterci sopra. Con Fabrizio decide che è meglio puntare solo sulla 250 e la NSR viene affidata a un ventiquattrenne giapponese dalle grandi qualità che devono solo essere pienamente espresse. L'ha scoperto in Giappone nel 1996, quando vinse la sua prima gara, mostrando un innato talento alla guida delle due ruote e un carattere così marcato da imporre la sua personalità in pista, nonostante avesse solo vent'anni. È un pilota dalle grandi prospettive a cui serve l'ambiente migliore per sbocciare e la Gresini Racing è una terra sportiva decisamente fertile e rigogliosa. Daijiro Kato è il nuovo volto del team. Fausto ci crede, i meccanici gli danno ragione e i risultati lo confermano. Centra due podi di fila nelle prime due gare: un secondo posto in Sudafrica e un terzo in Malesia. Il 9 aprile del 2000 si corre in Giappone, a casa sua, dove nessuno va più forte di lui, e taglia il traguardo davanti a tutti. Daijiro stabilisce un feeling più italiano che giapponese, per intensità, con Fausto e Fabrizio Cecchini, così si trasferisce a Portoverde, una frazione di Misano Adriatico. Non parla ancora inglese e si esprime per lo più a gesti, che tuttavia sono sufficienti a progredire nella messa a punto della moto e delle relazioni personali, che si solidificano in fretta, perché Daijiro è un ragazzo delizioso, che non si può non amare. Gli piace andare con la sua fidanzata, Makiko, a fare shopping a Bologna o in altre città della regione, conduce una vita tranquilla. Estremamente tranquilla. Tanto che, quando arriva ai box, prima di accendere i motori, si spegne lui. Si siede e si addormenta. Sempre. Bisogna dargli una scrollatina per ricordargli che sta iniziando il suo turno in gara. Allora lui scuote il capo, si passa le mani sul viso, stropicciandosi gli occhi, sale sulla moto e continua a sognare, ma a occhi aperti, perché i risultati sono strepitosi. Sorride sempre e ama le tradizioni romagnole, specie quelle culinarie. Il Giappone è lontano, eppure, nel Team Gresini, casa sua non è mai stata così vicina.

4

Dagli un giro, Kato

Fausto non parla benissimo inglese, ma si fa capire da tutti in giro per il mondo. Fausto non parla affatto il giapponese, ma nessuno capisce Kato meglio di lui e nessuno si fa capire dal pilota meglio di lui. Il legame che si stabilisce in riviera è forte, intimo e profondo, professionale e amichevole, tecnico e familiare. Daijiro lavora sodo con Fausto, con Fabrizio e con tutti gli altri meccanici. Mette Carlo Merlini nelle condizioni ottimali per svolgere al meglio il suo lavoro. È l'immagine perfetta di tutto il team, la sua versione antropomorfa, e la incarna in tutte le sue caratteristiche peculiari: è giovane, appassionato, ricco di talento, dedizione, serietà, leggerezza e competenza. Team Gresini = Daijiro Kato. Sono due termini di un'equazione che traduce in numeri il perfetto equilibrio su cui si regge, e sono numeri molto più che incoraggianti. Nel 2000 Kato vince quattro Gran Premi e conquista nove podi, piazzandosi al terzo posto della classifica mondiale. Ha uno stile aggressivo ma pulito, proprio come lui. A dispetto di coloratissime tinte di capelli, insolite per un giapponese, è un piccolo lord in tuta. Eccezionalmente gentile, con un sorriso esteriore che riflette quello che ha dentro e che suscita negli altri. Un ragazzo, appunto, pulito, come i vestiti che mette personalmente nella sua lavatrice, ma con qualche problema nel dosaggio. Quell'elettrodomestico non è la sua Honda e la carica troppo di detersivo, al punto che deve chiamare i soccorsi, perché in pochi giri di centrifuga gli si allaga la casa. Passa gran parte delle sue giornate nel circuito di Misano e conosce quelle curve quasi come quelle di Suzuka, pista che si può definire la sua culla da pilota, dove è cresciuto e ha ottenuto le prime vittorie. Quelle della città, però, non le conosce così bene. Prende un sacco di multe, in macchina, e una volta è necessario andarlo a recuperare perché ha centrato un muro, per fortuna senza conseguenze.

I sogni di Kato e del Team Gresini vanno alla stessa velocità, solo che il giapponese li vive anche a occhi chiusi. Fausto racconta che il suo pilota va a letto con la tuta e il casco! Una leggenda nipponico-romagnola narra che Kato va così forte, anche di notte, che per dormire otto ore ce ne mette solo sei!

Tanto poi recupera ai box. Ha un'invidiabile capacità di dominare stress e tensione, che tiene mansueti al guinzaglio della sua calma. Una calma tale che dev'essere addirittura scossa dai meccanici.

«Daijiro Daijiro, svegliati. Inizia la gara!»

Prima di accendere i motori, tra una sessione e l'altra in pista, Kato riesce a addormentarsi. Dorme placido e sereno come un bambino, mentre attorno a lui c'è l'apocalisse acustica.

Fausto e Carlo hanno preparato la nuova stagione curando ogni dettaglio; ogni centimetro della tuta del pilota e della carena della sua moto è coperto dagli sponsor che forniscono al team la benzina vitale per mettere in pista una visione vincente e ambiziosa. L'8 aprile 2001 inizia la quinta stagione del Team Gresini nel Motomondiale. Il circuito è quello di Suzuka, che Daijiro potrebbe percorrere bendato. Poiché il regolamento non lo consente, però, vede la bandiera a scacchi che gli sventola davanti prima di tutti gli altri. Primo Gran Premio, prima vittoria. Due settimane dopo, in Sudafrica, secondo Gran Premio, seconda vittoria. Spagna, terzo Gran Premio, terza vittoria. È una cavalcata trionfale che lo porta a vincere undici gare su sedici.

Il 21 ottobre, quando manca ancora una tappa alla fine della stagione, a Sepang è ancora sul gradino più alto del podio ed è un podio definitivo. Daijiro Kato, sulla Honda Gresini, è campione del mondo nella classe 250! Al suo quinto anno di attività, il team di un paesino con cinquantottomila abitanti, formato da una decina di persone, poche ma straordinariamente competenti, è campione del mondo. Il suo pilota va forte, tanto che bisogna cambiargli il nome. Non più Daijiro Kato, ma Dagli un giro, Kato!

I budget sono ancora ridotti, le trasferte, specialmente quelle lunghe, sono limitate al personale strettamente necessario per le corse e Ilenia è rimasta a Faenza, ma, quando Fausto e gli altri rientrano dalla Malesia, i festeggiamenti proseguono anche in Romagna. Il Grande Capo organizza una cena per celebrare il meritato successo e l'ottimo lavoro di tutto il gruppo.

«Che dici, Fabrizio, facciamo il salto?»

«Facciamolo!»

È il 2002 quando la Gresini Racing fa il suo ingresso nella MotoGP, mantenendo comunque la partecipazione anche nella classe 250. Essendo un team satellite, come è stato già scritto, la Honda, inizialmente, fornisce a Kato una moto di livello inferiore rispetto a quella con cui gareggia Valentino Rossi nel team Factory. Il giapponese corre nella prima metà della stagione con una NSR 500V4, ma, viste le sue straordinarie capacità, unite al lavoro di un team che lo porta a ridurre al minimo il gap con le moto di livello superiore, la casa giapponese fornisce la moto ufficiale, la RC211V a quattro tempi. Appena ci sale sopra, in Repubblica Ceca, Daijiro conquista un secondo posto clamoroso. In 250 brillano Roberto Rolfo ed Emilio Alzamora, i due piloti Gresini che si piazzano rispettivamente terzo e nono nella classifica mondiale. Kato, settimo a fine stagione, vince il titolo di «Rookie of the year», che sa di predizione. Il 2003 sarà l'anno della sua consacrazione nella massima competizione. Con lui in sella alla Honda Gresini, il team di Fausto prepara una stagione da protagonista assoluto. È l'anno della consacrazione, che viene accompagnata da una svolta societaria.

«Vieni, Ile» dice Fausto invitando in auto la sua responsabile amministrativa. «Ti faccio vedere la nuova sede.»

«La nuova sede?»

Sì, il maresciallo della Guardia di Finanza, finalmente, troverebbe un'adeguata corrispondenza tra il team di MotoGP e la sua sede sociale. Da via Paganelli a via Mengolina il salto è davvero esagerato. Si passa da una pensione a un hotel di lusso, da una tuta da ginnastica allo smoking, da venti a duecento metri. Sempre a Faenza, anche se il capannone del reparto corse rimane a San Clemente. Faenza resta il centro del mondo, un mondo da girare su due ruote. I due piloti della MotoGP sono il numero 74, Daijiro Kato, e il numero 15, lo spagnolo Sete Gibernau. È tutto pronto per il primo Gran Premio della stagione, il 6 aprile 2003. Suzuka, Giappone, casa di Kato. La sua Honda numero 74, però, ha un problema nelle qualifiche e sulla griglia, in gara, parte undicesimo. Nei primi due giri recupera sei posizioni. Davanti ci sono Biaggi, Rossi e Capirossi. Lui è già quinto e, per come sta andando, è solo una questione di giri, pochi, prima che li raggiunga e ne insidi la posizione.

«Grande, Daijiro!» esultano nei box. Fausto, Fabrizio, Carlo, i meccanici, sono tutti incollati davanti al monitor, ma è come se fossero i passeggeri della sua Honda, dietro di lui, a dieci centimetri dall'asfalto nelle curve, attaccati alle marmitte delle moto davanti che, quando Daijiro apre il gas, sfilano dietro.

Al terzo giro entra a duecento chilometri orari nella «curva velocissima», così è chiamata, una delle più impegnative del mondiale. C'è un problema, perde il controllo della sua RC211V e sbatte violentemente contro il muro di protezione all'ingresso della chicane Casio Triangle. L'impatto è devastante.

Ai box è calato il gelo. Nessuno parla, nessuno respira. Il fiato è sospeso tra dentro e fuori. Gli occhi colgono un dettaglio che fa correre un brivido lungo la schiena. C'è uno stivale di Daijiro per terra e lui è immobile, in una posizione innaturale. Il cuore di chi guarda sembra essersi fermato, quello di Kato si è fermato davvero. Intervengono i sanitari, ma la gara, incredibilmente, continua. Anziché esporre la bandiera rossa e sospenderla, i commissari decidono di lasciarla proseguire. La corsa va avanti, anche se quella del pilota Gresini è terminata sull'asfalto. E forse non solo la corsa. Il dottor Costa tenta disperatamente di far ripartire il suo cuore e ci riesce. Si rimette in moto, come ha sempre fatto il ragazzo a cui appartiene. Viene portato in ospedale, dove resta incosciente per due settimane.

Da quel 6 aprile, fa altri quattordici giri, Kato. Quattordici giri della Terra su se stessa, quattordici passaggi dall'alba al tramonto, dal giorno alla notte, dalla luce a quel buio che, dal 20 aprile, non avrà più un'alba.

Sulla pista di Suzuka, dove ha fatto i primi metri da pilota, ha percorso anche gli ultimi. Dove tutto è cominciato, tutto è finito. Come un cerchio che si chiude o, meglio, un circuito che inizia e finisce sopra la stessa linea, di partenza e di arrivo, la corsa di Daijiro passa sotto la bandiera a scacchi della vita. Il 20 aprile 2003, Daijiro Kato, pilota del Team Gresini, muore. A ventisette anni.

Fausto non vuole alzarsi dal letto, nei giorni che seguono. Nadia, col lavoro che ha fatto per tanti anni, si è trovata spesso tra la vita e la morte delle persone e ha combattuto con loro per tenerle da questa parte, ma sa benissimo che, una volta varcata quella soglia, non c'è più niente da fare. Il dolore è legittimo, naturale e deve giustamente trovare espressione per liberare l'anima da un'ombra che potrebbe occludere il passaggio di nuova luce, ma il miglior modo per onorare chi non c'è più è continuare a esserci, con la stessa passione e dedizione. Il miglior modo di onorare chi ha vissuto per correre è continuare a correre.

Nella forza della moglie, Gresini ritrova la propria. Forse non tutta, ma quella che basta per tornare su un circuito della MotoGP, quello del Sudafrica, il 27 aprile. Solo sette giorni dopo la scomparsa di un pilota, si corre di nuovo. Nel sabato di prove, Sete Gibernau, della Gresini Racing, ottiene la pole position con un tempo che non sembra causale: 1.33.174. I millesimi di secondo con cui completa il giro sono quelli di Kato, quelli che aveva impressi sul cupolino della sua Honda, come se volesse ricordare che ogni millesimo di secondo può valere la corsa. Ogni millesimo di secondo può valere una vita.

Il giorno dopo, in gara, Sete resta davanti a tutti. Vince il Gran Premio del Sudafrica e, sul gradino più alto del podio, toccando il numero 74, sopra il cuore, porta anche il suo compagno, che resterà per sempre, per tutti, indimentiKato.

5
Gibernau vs Rossi

Sudafrica, Francia, Olanda e Germania. Sete Gibernau dedica quattro vittorie al compagno giapponese che non corre più al suo fianco e aggiunge altri sei podi che valgono a lui e al team il titolo di vicecampione del mondo. La Gresini Racing fa sul serio e si consacra come outsider più che credibile della classe regina, mettendo in fila team Factory con un arsenale economico commerciale così superiore che, accostando i bilanci, quello complessivo del team di Faenza si confonde con una delle tante voci in attivo dell'altro. È il fatturato di un valente artigiano, che cuce vestiti su misura, rapportato a quello di una holding d'alta moda. Chi indossa i capi di quell'artigiano, però, porta qualcosa di unico e sente sulla propria pelle la passione, la competenza e la maestria. Ecco perché non basta avere mezzi tecnici e capitali. Tuttavia, senza questi, l'artigiano non potrebbe nemmeno aprire il suo negozio. Se poi si trova nella piazza centrale della città più famosa del mondo, i costi sono molto elevati, ed è quello che succede nel Motomondiale, la vetrina più prestigiosa delle due ruote, davanti alla quale passano milioni di spettatori e telespettatori.

È qui che entra in gioco l'importanza delle sponsorship. Quando un brand appone il proprio marchio sulla livrea della moto o sulla tuta del pilota, non sta solo occupando dei centimetri, ma diventa parte integrante del progetto. Il reparto commerciale della Gresini Racing non vende spazi: costruisce relazioni, proficue per entrambe le parti. Sponsor e Gresini sono come la moto e il pilota, nessuno dei due può fare a meno dell'altro nel Motomondiale. Una moto senza pilota non si muove, un pilota senza moto sì, magari arriva anche al traguardo, ma quando la gara è già finita. Devono correre insieme, conoscendosi, scegliendosi e conformandosi reciprocamente. Quello delle sponsorship è un mercato decisamente competitivo, con tanti player in gioco. Sono le sponsorship a tenere in piedi il mercato dello sport, qualunque esso sia e a qualunque livello. Sono le sponsorship a muoverlo. Se moltiplichiamo il numero di atleti, organizzatori e promotori per le discipline sportive esistenti, otteniamo un numero così alto che non potrebbe stare in piedi senza solide fondamenta economiche fornite da questo mercato, che rappresenta una delle principali risorse finanziarie per il settore. Se il numero delle figure professionali in ambito sportivo è difficile, se non impossibile, da quantificare, non è così per le sponsorship, i cui dati sono chiari ed eloquenti. A livello globale, è un mercato da centodiciassette miliardi di dollari, con una crescita del dieci per cento annuo. Gli operatori di marketing vedono nello sport e nelle sponsorizzazioni un valido strumento per promuovere un marchio, un prodotto, un servizio. Dall'altra parte, i soggetti attivi nella competizione si devono strutturare, sia come personale che come offerta commerciale, per competere in questo mercato, vasto, insidioso e talvolta burrascoso, proprio come il mare nel quale si naviga per raggiungere un porto, anche quando non si vede ancora all'orizzonte. La Gresini Racing, quindi, deve crescere e sviluppare programmi dai quali i partner economici possono trarre sempre più valore, attraverso tutti gli asset che compongono questi stessi programmi. Insomma, se vuoi attraversare l'oceano, non puoi farlo con una zattera, ti serve una nave, e Gresini ha appena varato il suo transatlantico.

Nel 2004 Gibernau va undici volte sul podio, quattro sul gradino più alto, confermando l'elevato livello di competitività della Gresini Racing, che chiude la stagione ancora al secondo posto. Con lo spagnolo c'è un altro pilota, il due volte iridato Superbike Colin Edwards. Con il suo quinto posto finale, dà un prezioso contributo all'assestamento ai vertici del team che, intanto, dall'anno precedente, ha cambiato la sua denominazione.

Il *title sponsor*, binomio di sport e marketing in molte discipline come il basket o la pallavolo, riflette il principale partner commerciale, e le moto di Gibernau e Edwards corrono con la denominazione di Team Telefonica Movistar Honda. L'azienda spagnola cercava visibilità internazionale per promuovere la propria espansione nel settore della telefonia mobile e dei servizi internet. Lo sport, e la MotoGP in particolare, sono i canali ideali per associare il marchio a valori come velocità, tecnologia, innovazione e gioventù. Niente di meglio che la Gresini Racing, per concentrare questa pluralità sotto un unico team. Carlo e Fausto sottoscrivono un accordo di partnership con reciproci benefici. L'azienda ha un grande ritorno in termini di *brand awareness*, perché il logo Movistar sulle carene e sulle tute dei piloti genera una forte visibilità sui mercati internazionali, in particolare spagnolo e sudamericano, che costituiscono il target principale dell'azienda. Le Honda di Gibernau nel 2003 e 2004, e del giovane Marco Melandri nel 2005, portano il brand sotto la bandiera a scacchi e, davanti agli occhi di milioni di spettatori, ai vertici delle classifiche. Anche nel 2005, infatti, la Gresini Racing si conferma per la terza volta consecutiva vicecampione del mondo, grazie al fresco talento del ventitreenne ravennate Melandri. La Telefonica Movistar sfrutta la sponsorizzazione per sviluppare promozioni, per il lancio di contenuti esclusivi, anticipando lo streaming sportivo su dispositivo mobile, per organizzare campagne pubblicitarie che hanno i piloti Gresini come testimonial ed eventi per i propri clienti. L'area Hospitality, infatti, non è più la somma di quattro pannelli di legno e catering casareccio dei primi tempi. Varie figure professionali, altamente qualificate in tutti gli ambiti, dal design alla cucina, costituiscono un gruppo dotato di budget e mezzi appropriati, per offrire agli sponsor del team esperienze uniche.

Pur cambiando nome agli occhi del pubblico, però, il cuore del paddock resta sempre quello di Fausto Gresini. L'ossatura è quella dei suoi dipartimenti interni, che accumulano sempre maggiore esperienza. Carlo Merlini conclude il suo quinto anno di collaborazione. Un lustro terminato in un battito di ciglia. Per il suo spirito dinamico e proteso all'innovazione, Carlo non avrebbe mai pensato di restare nello stesso posto così a lungo, ma con Fausto scopre che nessun lavoro è tanto vario quanto quello che si svolge sempre per lo stesso gruppo, quando è il gruppo a essere dinamico. È il genere di sport che lo impone. Così la sua collaborazione prosegue, rafforzando il muscolo operativo del dipartimento commerciale, che non conosce stagionalità. Carlo nutre lo show e lo porta letteralmente sull'asfalto dei circuiti in una competizione, quella delle sponsorship, ricca di *thrill* ed emozionante quanto le gare dei piloti, almeno per chi, come lui, corre con i contratti invece che sulle due ruote. Da una parte c'è la Gresini Racing, affacciatasi nel panorama mondiale delle realtà aziendali con la propria passione, con ambiziosi programmi sportivi e una struttura ormai nota per lo spessore dell'immagine e il valore tecnico; dall'altra ci sono le aziende partner, che vedono in essa una potentissima piattaforma per sviluppare sponsorship, con tutti i relativi benefici. In mezzo c'è Carlo, col suo reparto, il braccio armato per conquistare nuovi mercati, lo show business che attrae clienti e investitori con esperienze memorabili, talvolta ai limiti dei duelli epici. Ettore e Achille, Davide e Golia, Valentino Rossi e Sete Gibernau. Quando si fa a sportellate nell'ultima curva di un Gran Premio per conquistare la vittoria, non sembra ci sia molta differenza con le narrazioni tramandate per secoli, almeno per chi le vive nel paddock, in tv o nell'area Hospitality. Lo sport sa essere l'incarnazione di un racconto leggendario, con annesse maledizioni. Nel primo Gran Premio del 2005, a Jerez, in Spagna, è in testa Valentino Rossi. Sete Gibernau lo tallona e lo incalza, finché riesce nel sorpasso. Il marchigiano, però, non lo digerisce e insiste nell'attacco, che si concretizza nella curva che precede il rettilineo finale. A pochi metri dal traguardo, Rossi affianca Sete e con una manovra ai limiti della correttezza (forse anche oltre) manda lo spagnolo sulla sabbia. Ai box, Fausto e il suo team esplodono in un dissenso plateale, perché lo sport è fatto anche di rabbia. Da quel momento, il pilota della

Gresini Racing, che aveva vinto otto Gran Premi nelle precedenti stagioni, non arriverà mai più primo. Altro che maledizione di Amleto o Macbeth.

Chiunque abbia trepidato, da una parte o dall'altra del tifo, in quel testa a testa, non ha potuto fare a meno di essere accecato dal colore blu elettrico delle due Honda e dalla scritta gialla sulla fiancata della RC211V di Gibernau: TELEFONICA MOVISTAR.

In pista, in ogni gara, si può vincere o perdere, ma davanti alle alee di incertezza del risultato sportivo la sfida del dipartimento commerciale è correre su un invisibile circuito parallelo a quello delle moto. Sono due corse collegate, certo, ma comunque diverse e, per garantire alla Gresini Racing la stabilità finanziaria di cui ogni azienda necessita, è fondamentale scollegare i risultati commerciali da quelli sportivi. Se questi, nel medio e lungo periodo, possono avere fisiologicamente dei picchi di up & down, quelli che si leggono sui bilanci, e non sulla *Gazzetta*, devono per forza essere lineari e seguire una direzione auspicabilmente crescente, il che si ottiene sviluppando relazioni personali e attivazioni delle sponsorship che producono valori a prescindere (o quasi) dal piazzamento alla fine di una corsa. Molto spesso, infatti, non c'è alcuna differenza di costo tra un'operazione vincente e una che non lo è.

Proprio in questa stagione, nel 2005, si iniziano a sviluppare collaborazioni che si riveleranno proficuamente longeve per entrambe le parti: cinque, dieci o addirittura vent'anni di partnership (la durata media delle partnership con gli attuali sponsor è di quasi sette anni). Tuttavia, quello che contraddistingue un binomio di successo non è una questione di centimetri, di colori, di materiale. È il rapporto che sta all'origine e quello che ne consegue, la condivisione di obiettivi e di valori. Gli sponsor della Gresini Racing sono realtà di primissimo livello, aziende che si sono avvicinate al mondo delle corse motociclistiche mosse inizialmente da principi di marketing e comunicazione, ma che, nel tempo, hanno condiviso anche i valori che contraddistinguono la famiglia Gresini. Sì, la Gresini Racing è formalmente un'azienda, ma talvolta il confine tra i rapporti personali e quelli di lavoro è talmente sottile che essi si mescolano. Se metti il bianco e il blu insieme, ottieni l'azzurro e, una volta che ce l'hai, non riesci più a capire dove stiano i due colori originari. Prima di arrivare all'azzurro, però, ci sono un po' di colori da indossare e molte sfide da affrontare.

6

Un sacchetto di Gresini

Quando si vedono due piloti appaiati, che lottano per il titolo, la tensione sportiva zooma sui sorpassi, sul traguardo, sul podio: sono due uomini in sella a una moto che, in alcune stagioni, sembra addirittura la stessa. Nel triennio in cui la Gresini Racing è stata vicecampione del mondo, le Honda di Gibernau e Melandri, agli occhi di un telespettatore, sembravano identiche a quelle della casa madre, ma se allarghiamo l'inquadratura, da tecnica e motoristica a commerciale e aziendale, allora si notano parecchie differenze, considerando le quali un secondo posto vale tanto e forse più di una vittoria.

Non è la sfida tra Rossi e Gibernau o Melandri, ma tra Honda e Honda Gresini, e la differenza è bella grande. È quella che intercorre tra un team Factory e un team Independent. Il primo è l'emanazione diretta della casa costruttrice, cioè, di fatto, il suo *racing department*, di cui essa detiene proprietà e gestione. Nel secondo caso si tratta di un team privato, indipendente, che con le proprie risorse sostiene i costi per strutturare l'organizzazione necessaria alla competizione nel campionato del mondo MotoGP.

Il team Factory progetta, sviluppa e produce le moto, mentre l'Independent noleggia l'intero pacchetto tecnico dalla casa costruttrice, senza produrre neanche un singolo componente. La moto clienti in dotazione è quella dell'anno precedente, non tecnologicamente avanzata quanto quella del team Factory, quindi di livello inferiore rispetto al mezzo che il costruttore dà ai propri piloti.

Da una prospettiva più aziendale, i due team operano con modelli di business radicalmente diversi: quello del team Factory è B2C, *Business To Consumer*; quello del team Independent è B2B, *Business To Business*. La Honda, in questo caso specifico, è la casa costruttrice che produce direttamente le proprie moto, investe in ricerca e sviluppo e vede il circuito come un banco di prova per testare le innovazioni, così da essere sempre al *forefront* tecnologico (il livello più avanzato), ma anche come una vetrina per promuovere il proprio marchio e mettere in evidenza le moto che chiunque può acquistare da un concessionario. È un asse verticale che va dal costruttore al cliente finale (da qui il termine B2C). Il team Independent, diversamente, non ha moto da vendere. Il ventaglio della sua offerta commerciale è costituito da servizi rivolti ad altre aziende, primo tra tutti la sponsorship, ma anche il programma Gresini Team

Experience, che offre l'opportunità di trascorrere weekend nei circuiti assieme al team e vivere le emozioni della gara dietro le quinte, e il licensing, ossia contratti attraverso i quali si cede a terzi la possibilità di produrre e vendere prodotti come modellini o divise che recano l'immagine del team. In pratica, il team Factory vende moto che testa ed esibisce in gara (anche se, ovviamente, sul piano tecnico non sono le stesse. Non vai a trecentosessanta all'ora sulla A14!). Il team Independent è un'azienda che vende esposizione del marchio, offre ad altre aziende (B2B) servizi ed esperienze che includono l'emozione delle gare, l'appartenenza a un gruppo; ai team Independent si è affiliati contrattualmente con un progetto comune: correre. Forte. Dando il meglio di sé e, possibilmente, vincendo. I costi sono ingenti, devono coprire il noleggio delle moto, il compenso dei piloti, stipendi di meccanici e impiegati, trasporti, logistica, amministrazione e tutte quelli che sono le spese vive di una qualunque azienda commerciale, che, nell'ambiente motociclistico, risultano decisamente rilevanti. Immaginate, per esempio, cosa voglia dire spostare cinquanta persone ogni due settimane da un continente all'altro. Anche per questo, la permanenza di un team indipendente nel settore non è quasi mai particolarmente longeva o, almeno, non lo è quanto quella della Gresini Racing, che nel 2026 taglierà il traguardo della sua trentesima stagione, senza interruzioni.

Ciò dipende dal fatto che Gresini Racing è ormai un «brand», da non confondere con la stereotipata accezione semplicistica che accomuna questo termine a «logo». Nel marketing, il brand è la sommatoria di identità, valori, prodotti e tutto ciò che un possibile acquirente ragionevolmente si aspetta. Gresini, quindi, è brand per il suo trascorso, per la sua storia e il suo presente, per i risultati in pista superiori a qualunque altro team Independent e spesso, addirittura, a quelli delle Factory. È brand per l'immagine unica, riconoscibile e distintiva, anche a livello cromatico; per il modo di comunicare all'esterno; per il fatto di essere una realtà riconosciuta a livello mondiale e anche per gli standard di servizi sui quali gli sponsor possono contare.

Il campionato delle sponsorship, parallelo a quello delle corse, come abbiamo visto, è dunque fondamentale per ottenere le risorse necessarie alla copertura dei costi, al fine di raggiungere risultati vincenti in pista che siano anche un mezzo per offrire servizi alla clientela. Se da una parte, in pista, i piloti danno gas al motore, Fausto e Carlo devono fare il pieno del carburante economico necessario, spingendo l'acceleratore sui contratti, e nel 2006 bisogna sgasare un po', perché l'accordo con la Telefonica Movistar è terminato e va sostituito. È una competizione nella quale la duttilità e la mutevolezza devono essere doti particolarmente spiccate. Per adattarsi al mercato in continua evoluzione, bisogna saper cambiare faccia, aspetto e, naturalmente, colore. Così la Gresini Racing si fa rossa e gareggia in MotoGP sotto il nome di «Fortuna Honda», in virtù dell'accordo di sponsorizzazione di un marchio di sigarette del gruppo spagnolo Altadis. Questo tipo di sponsorizzazione è molto comune in questi anni nell'ambiente dei motori. Pensiamo ai piloti di Formula 1, inguainati sovente in tute che ricordano un pacchetto di sigarette marchiate Marlboro. Marco Melandri vince tre Gran Premi, piazzandosi al quarto posto nella classifica iridata, e, con lui, c'è lo spagnolo Toni Elias, nono al termine della stagione e vincitore di un memorabile Gran Premio in Portogallo. Ma iniziano a essere anni difficili per i tabagisti. L'introduzione delle leggi antifumo in Spagna ha tagliato del ventidue per cento i consumi e, di conseguenza, il fatturato del marchio Fortuna, che rivede le sue strategie di marketing. Fausto e Carlo corrono di qua e di là, telefonano, stringono mani, prendono aerei e siglano contratti al volo, anche per pochi mesi, perché la stagione è in corso e bisogna arrivare alla fine.

Non siamo più negli anni Ottanta, quando le aziende investivano con disinvoltura, senza quasi preoccuparsi dei ritorni commerciali, quindi il lavoro dev'essere altamente competitivo nei due circuiti, quello degli affari e quello delle gare. Al di là della passione sportiva, bisogna stare davanti il più possibile, perché se il pilota sale sul podio, ci sale anche lo sponsor con il suo logo. Più in alto sale, più volte lo fa, maggiore è la visibilità, che ha una traduzione numerica sul bilancio.

Al termine della stagione, la Fortuna ritira la sua sponsorizzazione. In pratica, l'accordo con l'azienda di tabacco è andato in fumo. Allora sotto con l'impegno, con le idee, con i contatti e i rapporti commerciali. C'è da lavorare parecchio, perché gli sponsor non si trovano mica come una sorpresa nel sacchetto delle patatine. O forse sì.

Nel 2007 Gresini è senza Fortuna, con la effe rigorosamente maiuscola, ma si può estendere tranquillamente l'esclusione al sostantivo. Il successo, la stabilità ai vertici delle classifiche mondiali, non ha nulla a che fare con la fortuna, a meno che non si giudichi tale la determinazione, la volontà, la scelta di piloti di grande talento, di personale altamente motivato e qualificato e la gestione manageriale di un'azienda nella quale si sta come in famiglia. Con questi presupposti, anche questa stagione termina con un posizionamento in classifica alto – il quinto posto di Marco Melandri – ma non all'altezza delle aspettative, il che fa sorgere un problema. Bisogna andare a discutere di rinnovo con la San Carlo, l'azienda italiana con cui c'era un rapporto di sponsorship, nato dall'amore viscerale e reciproco tra il suo presidente, Alberto Vitaloni, e Fausto Gresini. Si tratta di una sponsorizzazione di medio livello, ma è comunque molto importante per mettere insieme il budget necessario ad affrontare la stagione successiva, e la sensazione non è delle migliori. Fausto e Carlo devono andare a Milano, nella sede della San Carlo, e nella mente di entrambi c'è il presagio che il cliente voglia ritirare il proprio investimento.

«Carlo, che si fa?» gli chiede Fausto. È Carlo a sapere quanto incide percentualmente l'apporto della San Carlo sul bilancio del team e Fausto si aspetta che tiri fuori dal cilindro dei suoi studi e della sua esperienza il coniglio della soluzione, ma il responsabile commerciale e marketing sembra voler essere più attendista: «Non lo so, Fausto, è dura, ma abbiamo ancora delle buone carte da giocare».

Arrivano in via Turati e si accomodano, davanti al presidente della San Carlo e ai suoi stretti collaboratori. La stanza odora di caffè appena fatto, le parole sono poche e misurate, e così si giocano le prime mani di una partita a poker inizialmente cauta. Il contratto di sponsorizzazione è sul tavolo, Carlo vede, citando gli ascolti televisivi e la partecipazione del pubblico sempre più fedele. Il pari grado di fronte passa, ma il presidente, con in mano il bilancio sportivo di una stagione al di sotto delle aspettative, mostra evidenti perplessità. Fausto lo guarda, con dei fogli in mano, meticolosamente preparati dal suo direttore commerciale, nei quali avrebbe dovuto trovare argomenti validi tra cui pescare le carte mancanti per un full o un poker. Sposta gli occhi su Carlo e poi ancora su Vitaloni. Butta i fogli sul tavolo. Non gli servono, gioca l'*all in*: «Noi, veramente, siamo qui per proporvi di diventare *title sponsor*. Che ne dite di creare il Team San Carlo Honda Gresini?». Partita chiusa, accordo quinquennale. Strette di mano, sorrisi ed entusiasmo reciproco si traducono nell'iconica moto bianca con il logo San Carlo rosso sulla carena e sulla tuta dei piloti. La nuova livrea piace un sacco, anzi un sacchetto, perché ricorda proprio quello delle celebri patatine.

In pista si punta sul giapponese Shinya Nakano, che chiude la stagione al nono posto, e sul sanmarinese Alex De Angelis, al debutto in MotoGP. L'anno dopo, al posto di Nakano, torna Elias, che aveva passato una stagione alla Ducati. De Angelis, non più debuttante, assapora la gioia del primo podio in MotoGP, con un secondo posto a Indianapolis. L'inizio della stagione è difficile, ma i due piloti risalgono la classifica terminando con un rispettabile settimo e ottavo posto. Il quadro economico mondiale, intanto, si è fatto assai delicato. La cornice delle sponsorship scricchiola sotto il peso del recente fallimento della Lehman Brothers e il conseguente scetticismo (per non dire paura) negli investimenti. Con l'Europa in fase di recessione, emerge lo spirito di sopravvivenza del team, che lo porterà oltre i confini continentali per traghettarlo nel secondo decennio degli anni Duemila, anche grazie alle intuizioni di un ex campione del mondo che sa riconoscere e puntare sul talento dei piloti. Per il 2010, infatti, ha scelto il nome da affiancare a Marco Melandri, ed è il nome di un campione del mondo nella categoria 250 pronto al salto nella classe regina.

«Ho deciso» dichiara Fausto «prendiamo Marco Simoncelli.»

7

SIC

La voce dei motori, la domenica pomeriggio, è quasi più dolce e suadente di quella del mare, se abiti a Riccione. È soggiogante, come il canto delle sirene per Ulisse, nelle case degli appassionati delle due ruote, come la famiglia Masini. Il padre non si perde un giro, dal primo della classe 125 all'ultimo della MotoGP. Accanto a lui, il piccolo Michele si nutre di commenti su freni, accelerazioni, staccate, da cui non riesce a separarsi, manco gli venissero offerti dal seno materno. Ovunque debba andare, ci va in moto, anche se non ce l'ha. Salta in sella a un modello immaginario e sgasa fino a scuola, all'oratorio, sognandone una vera, per cui accantona paghette lavorando come cameriere in alcuni hotel della zona per acquistare una minimoto. Diventa il «Motolele», figura mitologica mezza moto e mezzo Michele, come il centauro, ma con il busto che si erge da un destriero motorizzato. Non scenderebbe mai, se non ne fosse costretto. Condivide questa passione con altri amici, tra cui un compagno delle medie, più grande di un anno. Non sono in classe insieme, ma si trovano nel cortile della scuola all'intervallo, per giocare a calcio (visto che con le moto, a scuola, non si può girare).

«Dio bo', passa, Masini.»

«Ma passa cosa, Simoncelli? Sta' zitto e gioca.»

Si chiamano per cognome solo per simulare maggiore serietà nelle espressioni che si rivolgono, ma per ciascuno dei due sono solo Michele e Marco, due ragazzetti appassionati di motori, che, pur continuando a frequentarsi, prendono strade diverse. A Marco piace correre, a Michele *fare* correre. Sogna di mettere le mani nei motori per farli rombare, infilarci chiavi e cacciaviti per aggiustarli, valutarli, potenziarli. Si riempie gli occhi guardando Kato prima e Melandri dopo, è un grande tifoso della Gresini Racing e un'estate, quando frequenta i primi anni dell'Istituto Tecnico per Geometri, chiede a suo papà di accompagnarlo a San Clemente, per visitare il reparto corse della scuderia. Qui conosce Fabrizio Cecchini, al quale affida le proprie ambizioni, presentate in modo non troppo formale: «Posso lavorare qui? Pulisco, spazzo, trasporto, faccio qualunque cosa». Non chiede neppure di essere pagato, gli basta stare in mezzo a quell'odore, a contatto con le moto che vede in gara per essere disposto a trascorrere lì l'estate, anziché godersi il mare e i divertimenti che la riviera offre legittimamente agli adolescenti. Cecchini intravede la scintilla della passione, ma come una moto non può andare da zero a duecento senza le velocità intermedie, così un professionista del settore deve crescere e formarsi gradatamente. Se passi dalla prima alla quinta, il motore gira a vuoto. Devi tirare al massimo tutte le marce e il ragazzino deve ancora mettere la seconda, quindi il capo tecnico della Gresini Racing gli offre un consiglio: prima finisci di studiare, che è importante. Verrà la tua occasione.

Michele lo prende in parola, perciò si diploma e torna alla carica. Dopo varie visite del ragazzo al reparto corse di San Clemente, viene invitato a Mirabilandia, in occasione della festa di compleanno di Marco Melandri. «Michele» lo chiama Cecchini «vieni qui, che ti presento una persona. Lui è Fausto Gresini.»

«Piacere» lo saluta Fausto. «Fabrizio mi ha parlato molto bene di te. Ti interesserebbe gestire la parte tecnica delle Honda NSF 100?»

Michele non crede alle sue orecchie. Non solo è il suo primo vero lavoro, dopo qualche occupazione stagionale, necessaria a togliersi gli sfizi legati ai motori, ma è anche quello dei suoi sogni. Nel 2008, a diciannove anni, firma il suo primo contratto con la Gresini Racing. Lavorerà nel campionato Honda Italia, in cui gareggiano bambini dai nove ai dodici anni. Dopo le selezioni, viene data la possibilità di correre nei kartodromi a un gruppo di pilotini che, fino a quel momento, erano ventiquattro, ma se ne sono aggiunti altri trentadue della minicategoria, quindi serve più personale tecnico. Michele Masini si trova così a far correre dei bambini di cui ricorderà il nome. Enea Bastianini, Luca Marini e Fabio Di Giannantonio, tra i tanti, prima di passare alla classe 125 gareggiano in questo campionato, nella categoria intermedia, con le ruote da dodici pollici, sotto lo sguardo attento di Michele, che diventa rapidamente sempre più competente.

Nel 2009, Fausto gli affida altri compiti, come responsabile delle parti di ricambio delle Honda HRC, e qualche mese dopo, a settembre, il suo ex compagno delle medie, con cui non ha mai perso i contatti, firma con lo stesso team. Nella stagione 2010, Marco Simoncelli sarà un pilota del Team San Carlo Honda Gresini e i due sono felicissimi di ritrovarsi. Prima della nuova stagione, a Capodanno, fanno anche una vacanza insieme, sul Monte Carpegna. Michele riceve il battesimo sugli sci da Marco e da suo padre, e si può solo immaginare quanto poco convenzionale sia stato. Per fortuna (per Masini) che bisogna tornare a Misano, c'è da correre e da far correre. È l'anno in cui la Gresini Racing si sdoppia, partecipando anche al mondiale di Moto2 con Toni Elias. Per Sic è il debutto nella classe regina e, gara dopo gara, prende confidenza con la nuova moto, arrivando a competere con gli specialisti della categoria, ma le grandi soddisfazioni, per il team, giungono dalla Moto2, perché

Elias si laurea campione del mondo! Per la Gresini Racing è il secondo titolo iridato, dopo quello di Kato. L'azienda di Faenza è in cima alla classifica, che vede come inseguitori team Factory dalla forza colossale. Davide ha sconfitto Golia. Non è la prima volta e non sarà l'ultima. Il gruppo è carico, motivato, i piloti sono tra i migliori del racing mondiale. Quella che sta per iniziare si annuncia come la stagione dell'affermazione e quella della consacrazione per il Sic, pilota di punta del team, che gli affianca il giapponese Hiroshi Aoyama, campione del mondo della 250 l'anno dopo che lo è stato il compagno di Cattolica. L'inizio è in salita, perché Marco è costretto al ritiro in tre delle prime sei gare, ma ad agosto centra il suo primo podio in MotoGP, arrivando terzo al Gran Premio di Brno. Erano due anni che la Gresini Racing non saliva su uno dei tre gradini. L'ultima volta era successo esattamente due anni prima, nello stesso circuito. Poi San Marino, Spagna e Giappone. Per tre volte di fila, Sic arriva quarto al traguardo. Ha trovato il feeling con la sua Honda e il 16 ottobre, sulla pista di Phillip Island, in Australia, la porta all'arrivo in seconda posizione. Terminato il Gran Premio, non si passa neanche da casa. La prossima gara si tiene una settimana dopo a Sepang e la logistica, il reparto che gestisce il trasferimento del personale, mette tutti su un aereo per la Malesia. Per le moto e il materiale, invece, il trasporto è interamente gestito da un unico organizzatore mondiale, che è lo stesso per tutti i team. Per i Gran Premi europei, questi sono autonomi e la Gresini Racing, quindi, viaggia con i suoi due bilici. Il martedì che precede le gare arrivano sui circuiti, dove gli organizzatori marcano i punti di parcheggio assegnati a ciascun mezzo. Si scaricano moto, gomme, materiale tecnico, le pannellature dei box, l'intera Hospitality, tutto insomma. Nelle gare extra europee, invece, i team devono solo impacchettare il materiale all'interno di *flight cases*, che gli organizzatori poi passano a ritirare. Caricano tutto sui cargo charter e scaricano dentro i box, ed è qui, in quello di Sepang, che la Gresini family trova ciò che una settimana prima si trovava nella stessa posizione a Phillip Island. C'è anche la RC212V di Marco, che va forte. Lui ha dimostrato di poter contendere la vittoria al leader del mondiale e si corre sul circuito in cui si è laureato campione del mondo nel 2008. Un circuito che si chiama come lui: Sepang International Circuit. SIC.

8
Gran Premio della Malesia: 23 ottobre 2011

Marco voleva il 55. Nel 2002, al campionato europeo, Simoncelli aveva chiesto quel numero, ma era già di un altro pilota, quindi ha dovuto accontentarsi di quello che gli è stato assegnato d'ufficio, il 58. Correva già da sei anni, da quando aveva iniziato con le minimoto e, dopo le scuole medie, questa è diventata la sua attività principale durante i fine settimana, nei quali va da una pista all'altra anche fuori dall'Italia. Dal lunedì al venerdì, invece, il giro lo fa il padre Paolo, a caccia di sponsor.

«C'è questo ragazzo che va bene, comincia adesso.» Paolo Simoncelli consegna i gelati di sua produzione ai bar e si porta dietro il figlio, che presenta ai clienti. Dopo il bis nel campionato italiano, vinto ancora nel 2000, sono passati a quello europeo, con viaggi più lunghi e costi più alti. Servono fondi, che i Simoncelli cercano porta a porta. La proporzione è inizialmente scoraggiante. Per uno che si mostra disponibile ce ne sono dieci che li mandano a quel paese, ma è goccia dopo goccia che si riempie un bicchiere. La prima, per i Simoncelli, è Anselmo, proprietario di un bar, che tampina tutti i suoi clienti perché investano soldi su quel ragazzino. «Ha già vinto una gara europea, a Brno, va' che è bravo. Questo ci diventa campione del mondo.»

«Sì, e io divento Miss Italia» replicano in tanti. In tanti, ma non tutti. Qualcuno ci crede, come un produttore di caffè, primo vero sponsor di Marco, seguito da un'azienda di robotica. Si può continuare a sognare e nel 2001 il pilota passa in 125. Esordisce a Brno, dove sceglie l'acronimo per la griglia di partenza: SIM, abbreviazione di Simoncelli. In gara, però, c'è anche Julian Simon e quella sigla l'aveva già scelta lui, una settimana prima. È così che Simoncelli diventa SIC. Ha quattordici anni e, finalmente, l'età per guidare, almeno un cinquantino, anche fuori dai circuiti, per cui chiede ai genitori il primo scooter. Loro acconsentono, a patto che se lo paghi da solo, così Marco passa l'estate a lavorare nelle due gelaterie di famiglia, a Riccione e Cattolica, e arrivano le sue prime due ruote da strada. «Sì, bello, però non è che vada molto forte.» Sul solito vialetto si diverte, ma è un po' troppo costretto dalla bassa cilindrata. È appena salito sul suo primo podio, nel Trofeo Honda, vuole spingere di più. Sai che faccio?, pensa con ingegno diabolico, frego lo scooterone 250 del babbo e scendo con quello. Tanto mica se ne accorge. E giù, a ottanta all'ora, facendo una curva dietro l'altra, in ciascuna delle quali, però, non si vede mai cosa c'è in quella dopo. «Ma sì, cosa vuoi che ci sia? Chi vuoi che salga a Coriano?» Sua zia. Il bianco della Opel Corsa sbuca da un tornante e Marco ci fa un frontale che si sente fino a Rimini. Si apre una gamba, si rompe un dito. Dà una musata per terra che gli taglia le labbra. Quindici punti alla gamba, venti alle labbra e zero al Mugello, la gara che è costretto a saltare. «Papà» tenta di discolparsi «una Opel mi ha tagliato la strada.»

Quando diventa maggiorenne prende la patente e, per quanto guidi con prudenza in mezzo al traffico, nelle strade isolate si diverte con manovre che non si insegnano alla scuola guida. Ha dei cugini che vivono a Milano, in un vialetto che ha proprio delle belle curve. Da dipendente dei traversi non si fa scappare l'occasione: imbocca il viale, scala la marcia, fa calare i giri del motore, lascia la frizione di colpo per innescare la derapata e via di traverso. Peccato che per terra ci sia del brecciolino e... *sbang*! Il problema non è tanto la macchina, ma dirlo al papà. Marco, però, ha sempre pronta una versione che lo solleva da ogni responsabilità: «Pa', un muro mi ha tagliato la strada».

Sui banchi di scuola delle medie, tra una partita e l'altra in cortile assieme a Michele Masini, scarabocchiava un sogno sul suo diario: da grande sarò World Champion. Questo sogno si realizza nel 2008, nella

250, e, tre anni dopo, Marco insegue la sua prima vittoria in MotoGP, dopo il secondo posto all'ultimo Gran Premio d'Australia, sulla Honda della Gresini Racing griffata San Carlo.

«Dov'è papà?»

«È andato a caccia. O a pescare. Boh.»

A casa Gresini non è frequente vedere Fausto, che, tra una gara e l'altra, è in giro per il mondo una settimana sì e una no, e quella in cui è in Italia si divide tra la sede legale a Faenza e il reparto corse a San Clemente. Nel tempo libero ha bisogno di silenzio. Quando vivi in mezzo al rombo dei motori, al caotico frastuono delle corse, il niente assoluto è il miglior sottofondo dei pensieri, e lui lo trova nell'isolamento di una battuta venatoria o nella paziente attesa che un pesce abbocchi al suo amo. Anche perché a casa, intanto, non è che il rumore sia molto più basso di quello che si sente ai box. All'inizio del 2011, in famiglia, a Lorenzo, Luca e Alice si unisce Agnese. Nadia deve fare gli straordinari per stare dietro a tutto e a tutti, ma dirige al meglio una famiglia che si allarga ai colleghi di lavoro. I rapporti alla Gresini Racing sono così forti e confidenziali che escono dalla pista, dagli uffici, mescolandosi in un concetto di famiglia sempre più esteso.

Nello stesso anno, Carlo, il direttore commerciale

e marketing, si sposa, e Fausto è il suo testimone. Fonti attendibili riportano che il suo smoking fosse coperto di toppe con i loghi degli sponsor, ma non ci sono prove concrete a confermarlo. Anche il pranzo di nozze a base di patatine San Carlo è una diceria che si diffonde nell'ambiente delle corse motociclistiche, dove Carlo è stimato assieme a tutto il team che rappresenta nelle trattative commerciali. I numeri della Gresini Racing sono strabilianti. Il piccolo gruppo di una provincia romagnola, con una dozzina di dipendenti, tiene testa a multinazionali con fatturati da mezzo miliardo di dollari. All'ultimo Gran Premio, la Honda Gresini di Simoncelli ha messo in fila Yamaha, Ducati e tutte le altre. Solo Casey Stoner sulla moto del team Factory Honda gli è stato davanti, ma di poco e l'obiettivo, in Malesia, è superare anche lui. Ci sono altri ostacoli, oltre ai piloti avversari, e uno di questi è la temperatura. Il 23 ottobre ci sono trentaquattro gradi e il termometro sull'asfalto ne segna più di quarantotto. Non fa caldo, si bolle, e in sella alla moto si rischia di evaporare, se non ci si idrata.

«Marco, ricordati di bere» dicono al ragazzo di Coriano. Perché, si può dubitare, è possibile dimenticarsi di bere quando si ha sete? Sì, con Simoncelli tutto è possibile. Proprio su questo circuito, tre anni prima, Marco è arrivato al traguardo con le braccia larghe, da neocampione del mondo, ma l'espressione provata da un estremo bisogno di bere. Aveva sete dal primo giro, ma era così concentrato sulla gara che valeva il titolo che si era dimenticato di avere una borraccia nella gobba della sua tuta, da cui fuoriusciva un tubicino che gli arrivava... in bocca! Meglio essere previdenti, quindi. «Marco, ricordati di bere.»

C'è un caldo asfissiante e Paolo Simoncelli si accorge di quanto il figlio lo subisca vedendolo con un asciugamano sulla testa. C'è qualcosa di strano, però: è al contrario. Il suo numero, il 58, è rovesciato, e l'uomo viene pervaso da un cattivo presagio. Prende il motorino per andare a vedere la gara lungo il circuito e viene investito da un «vento gelato», come racconterà in seguito, nonostante il caldo malese. «Un vento gelato che sapeva di morte.»

Devo andare a fermare Marco, pensa. Riaccende il motorino, ma manca troppo poco alla partenza e il suo mezzo di trasporto ha pure qualche problema. Scatta il verde e il Gran Premio prende il via.

Ai box c'è anche Michele Masini, il suo compagno delle medie, il suo amico, con cui lavora, lotta testa a testa con gli specialisti della categoria. Dall'esterno taglia la curva verso l'interno, scivola tenendo la moto, senza poter fare altro. Sopraggiungono Colin Edwards e Valentino Rossi. Il primo lo centra da dietro, finendo a terra col pilota di Cattolica. Il secondo, incolpevolmente, lo colpisce alla testa. Ai box cala il silenzio.

Nadia, a casa Gresini, vede rotolare il casco di

Marco e trattiene il fiato: «Dio mio!». Non si accorge nemmeno di Agnese, che, a nove mesi, sta rosicchiando il divano. Nessuno fiata, ma sembra di sentirlo, che si giustifica col babbo nel suo solito fare scanzonato: «Oh, pa', la vita mi ha tagliato la strada».

Marco Simoncelli ha ventiquattro anni. Li avrà per sempre.

«Allora?» domanda Nadia parlando con il marito al telefono e palpitando nella spasmodica attesa di una risposta rassicurante, che non arriva. Dall'altra parte si sentono solo singhiozzi, interrotti da un verdetto definitivo: «Marco è morto. Non c'è più niente da fare».

Sul piano pratico, purtroppo, qualcosa da fare c'è. Bisogna riportarlo a casa e il viaggio dalla Malesia all'Italia, da Sepang a Bologna, è lungo e provante quanto quello intrapreso da Fausto nella sua tortuosa coscienza. È il secondo ragazzo che perde la vita in sella a una sua moto. Che senso ha tutto questo? Ci sono giri dentro noi stessi dai quali vorremmo ritirarci, ma dobbiamo restare in pista. Quando affrontiamo una curva, piegati con l'anima che scintilla sull'asfalto, e non vediamo il rettilineo, non sappiamo neppure cosa c'è dopo, perché nonostante tanti giri di calendario nella nostra esistenza, quella gara non l'abbiamo mai corsa. E la vita, purtroppo, ne organizza tante così.

A bordo del volo diretto a Bologna ci sono Paolo Simoncelli e Marco… senza più Marco. Rientrato a casa, Fausto sprofonda in un logorante isolamento. Non va a caccia, non va a pescare, non esce dalla sua camera. Non vuole neppure alzarsi dal letto.

«Voglio smettere di far correre» confida a Nadia, sfogandosi. «I ragazzi muoiono e io non voglio essere il mandante.»

«Fausto» gli ricorda la moglie «se non li fai correre tu, lo farà qualcun altro. Un pilota non scende dalla sua moto solo perché non ha il nome di un team. Lo sei stato anche tu, lo sei ancora anche tu. La moto è un pezzo del pilota e non puoi scendere da quello che sei. Non puoi fare niente contro la morte, Fausto. Ma puoi fare tanto per la vita.»

9
Gresini al cubo

Nessun podio è più alto dell'amore. È su quel gradino, conquistato con la sua naturalezza, senza maschere, che ventimila persone presenti al funerale a Coriano, il suo paese natio, vedono Marco Simoncelli. Ci sono i suoi colleghi e amici, Loris Capirossi e Valentino Rossi tra i tanti. Ci sono tutti i bambini che corrono in moto, come questi grandi campioni del mondo hanno fatto alla loro età. Indossano tutti la tuta da pilota. Fausto ci posa gli occhi sopra e vede la rappresentazione del monito di Nadia assumere la loro forma: «Puoi fare tanto per la vita». La vita ha un passato, immutabile, che si può solo contemplare senza poterne modificare il minimo dettaglio. Ha un presente, che può essere doloroso, tanto, come quello che la famiglia Simoncelli e chi amava Marco sta vivendo in questo momento. Ma ha anche un futuro ed è in quei bambini, i piloti di domani, coloro che saranno comunque in sella a una moto, con Gresini o senza. Quindi, conclude Fausto convenendo con la moglie, tanto vale esserci e rendere quel futuro migliore, anche se può riservare giorni neri, che diventano un anno, perché è di quel colore, il nero, che la Gresini Racing, per ricordare e onorare Marco, decide di vestire le proprie moto nell'impegno che l'attende, cresciuto esponenzialmente.

Se due classi comportano uno sforzo al quadrato, questo diventa cubico, perché nel 2012 Gresini diventa l'unico team indipendente presente in tutte le categorie. La classe 125 diviene Moto3, in cui gareggia il campione di Cattolica Niccolò Antonelli su una FTR M312. In Moto2 corre Gino Rea con la Suter MMX e nella classe regina il team mette in pista la FTR MGP12, affidata a Michele Pirro, e la Honda RC213V, su cui sale lo spagnolo Álvaro Bautista. Sul piano tecnico, logistico, finanziario e amministrativo tutto diventa ancora più difficile, tanto che nessun altro team che non sia Factory si è mai imbarcato in una simile impresa, ma Gresini è così dentro al futuro che le sfide non lo intimoriscono, anzi, lo stimolano. Stimolano Fausto e tutti i suoi collaboratori, tra cui Carlo Merlini, con cui ha costanti incontri costruttivi, anche se non sempre facili. La pensano diversamente, talvolta, ed è per questo che Carlo piace a Fausto, perché gli offre un punto di vista differente. Carlo deve superare lo stallo degli investimenti europei inchiodati alle incertezze e ai timori innescati dalla recessione, dalla crisi del debito sovrano europeo subita in prima battuta dalla Grecia. Il direttore commerciale, dunque, fa uno studio delle varie regioni del mondo, alla ricerca delle economie più floride e, allo stesso tempo, di paesi con un grosso seguito per la MotoGP e, quando punta il dito sul Sud-Est asiatico, ha un'intuizione: «Bingo!». È il target perfetto per il Risiko commerciale delle sponsorship, l'Indonesia in particolare. Nel 2012 appone il primo sigillo su questo mercato. Si chiama Federal Oil, leader mondiale di lubrificanti che diventa anche un'importante vetrina per esibire a livello planetario quello che il brand Gresini può offrire. Sono in tanti, difatti, a notarlo, e inizia l'espansione di tante realtà indonesiane di primissimo piano che salgono a bordo, diventando sponsor stabili. Non solo. Alla Gresini Racing viene addirittura assegnato il ruolo di «vettore» per un numero così nutrito di aziende del Sud-Est asiatico sul palcoscenico mondiale del campionato MotoGP che il Ministero del Turismo le assegna il titolo di «Official Ambassador Team of the Republic of Indonesia». Il logo WONDERFUL INDONESIA sulle moto e sulle tute dei piloti del team è ancora ben visibile nel 2025. Viene da lì il *title sponsor* di oggi, BK8, una fetta del settanta per cento che l'Asia ricopre nel totale delle sponsorizzazioni.

«Non esistono ricette vincenti» ripete Merlini. Il mercato delle sponsorship non ha regole fisse, ed è per questo che la Gresini Racing prova a plasmarsi sugli scenari delle congiunture economiche e dei risultati sportivi, che spingono favorevolmente. Bautista, infatti, raccoglie due emozionanti podi e conclude il 2012 con un brillante quinto posto. L'anno dopo, il direttore commerciale e marketing del team è lieto di annunciare che Gresini è al verde. In senso puramente cromatico! Si tinge di questo colore in virtù dell'ingresso di uno sponsor che produce bevande energetiche per i progetti MotoGP e Moto3, il che infonde grande motivazione. Questa fa esordire l'australiano Bryan Staring nella categoria CRT, introdotta per aumentare il numero di partecipanti e ridurre i costi per i team privati. Non si tratta di una classe, ma di un sottogruppo di squadre che corrono nella stessa griglia delle Factory con regole più permissive, come una maggiore quantità di carburante consentita (ventiquattro litri invece che ventuno) e più motori a disposizione (dodici contro i sei dei team ufficiali). In Moto2 (con un ragazzo thailandese e un indonesiano) e in Moto3 continua il percorso di formazione dei giovani piloti, tra cui Lorenzo Baldassarri, che si unisce ad Antonelli. Bautista manca il podio per pochi millesimi, ma colleziona ben nove piazzamenti nella top five, conquistando un onorevole sesto posto nella classifica finale.

Intanto, il ragazzino che voleva spazzare per terra pur di lavorare in quel mondo, Michele Masini, è un ventisettenne che vanta già un'esperienza invidiabile e, da responsabile dei ricambi, diventa coordinatore del team in Moto2 e Moto3. Organizza l'intera logistica del personale e delle strutture, che cresce col tempo, come la sua competenza e i suoi ricordi. Non è facile disfarsi di quelli pesanti, che gravano sulla coscienza appollaiati sulla spalla della memoria. Specie quando si torna in Malesia, lì dove ha perso il suo amico, il suo pilota. Ci si va due volte all'anno, per il Gran Premio e per i test di prova. Michele passeggia per il circuito, tenendo per mano una storia incancellabile. Passa da quella maledetta curva, dove Fausto Gresini ha messo una placca con tutte le firme del suo staff. Ogni volta che ci passa, può anche esserci l'apocalisse acustica, ma lui sente sempre e solo quel tenebroso silenzio che era calato nel paddock nel 2011. Rivede la corsa al Medical Center, per vedere Marco a ogni costo. L'esperienza della morte rievoca anche Daijiro Kato, conosciuto nel reparto corse quando aveva sedici anni. Un campione del mondo non passa inosservato. Se è anche un giapponese in Romagna, ancora di più. Se poi si addormenta tra un turno e l'altro delle prove, diventa indimenticabile, e per Michele era una specie di supereroe.

Ne è passato di tempo e i piloti bambini con cui aveva lavorato nel suo primo incarico in Gresini oggi sono grandi. Nel 2014, infatti, Enea Bastianini esordisce in Moto3. Dopo solo sette gare, in Catalogna ottiene il secondo posto, che bissa in Repubblica Ceca. Un altro bronzo a Silverstone e ottimi piazzamenti gli valgono il nono posto nella classifica iridata e, soprattutto, il titolo di «Rookie of the year». Sulla RC213V, Bautista centra il podio in Francia, come fa Xavier Siméon in Argentina nella classe di mezzo. In MotoGP, l'esordiente Scott Redding è il miglior piazzato tra i piloti della nuova Honda RCV1000R in configurazione open. Risultati che ripagano il sacrificio del team che, per il terzo anno consecutivo, è impegnato in tutte le categorie, grazie alle vittorie nelle gare parallele, quelle che si disputano in termini di numeri e contabilità, di relazioni fiduciarie con gli sponsor, in cui la componente personale dev'essere molto forte per permettere di sopravvivere anche ai momenti di «vacche magre» che si possono attraversare in pista. Per restare in gara, sul piano finanziario, bisogna scollegare i risultati commerciali da quelli dei circuiti. La stabilità economica si ottiene solo sviluppando relazioni personali e attivando sponsorship che producono valore a prescindere dai risultati raccolti in gara. Oltre a Merlini, Gresini Racing può vantare una figura unica, dotata di un'eccelsa capacità di stabilire relazioni solide, ed è il suo fondatore Fausto Gresini. Lucio Cecchinello, team manager LCR Honda, dirà: «Fausto non era solo un manager, era un maestro nelle relazioni. La sua abilità nel far sentire gli sponsor partecipi del progetto era incredibile. Ogni anno riusciva a trovare nuove modalità di coinvolgere i partner commerciali, portandoli nel cuore della squadra, facendoli sentire parte integrante del successo».

Parte integrante del successo. È questo il ruolo che contraddistingue chiunque fa parte del team o partecipa esternamente al suo progetto. È questo il valore che Fausto trasmette agli investitori e che viene condiviso con reciproci benefici, non solo riconducibili a cifre di bilancio o visibilità del marchio. È questo che sentono i piloti e che ricorderanno negli anni futuri. Enea Bastianini racconterà che «Fausto aveva una grande capacità di capire non solo i bisogni tecnici della squadra, ma anche quelli degli sponsor». La sua sincerità e il suo approccio diretto con chi lo supportava sono stati gli elementi che più lo hanno colpito quando è entrato nel team, assieme ad Álvaro Bautista, che ne ha compreso le qualità dentro e fuori il circuito: «Fausto non era solo un manager, era una persona che sapeva come far sentire ogni membro della squadra parte di qualcosa di speciale. La sua passione per il motociclismo era contagiosa e questo lo rendeva estremamente capace nel gestire anche le relazioni con gli sponsor. Li trattava come se fossero parte della famiglia».

E se, come membri di questa famiglia allargata, gli sponsor stringono accordi con lo zio Carlo, per accogliere tutti quelli che ne fanno direttamente parte serve una casa più grande, dove si possa stare tutti insieme. Non più divisi tra gli uffici di Faenza e il reparto corse di San Clemente. Nel 2014 serve una nuova casa per essere famiglia. Serve una nuova sede per essere Gresini.

10
Casa Gresini

Senza la benzina, il motore non gira. Senza gli sponsor la moto non parte. Le partnership commerciali, nelle corse motociclistiche, sono il carburante economico che permette di sostenere gli ingenti costi e, all'inizio di ogni stagione, bisogna fare il pieno, per assicurarsi di poter arrivare in fondo all'ultimo giro. Fausto e Carlo sono abilissimi benzinai, in questo senso. Per riempire il serbatoio non possono stare fermi al distributore aspettando che arrivi la cisterna. Sono loro, molto spesso, che devono andare a cercarla o sostituirla. Capita infatti che questa (il *main* o *title sponsor*) si perda e non possa più garantire la fornitura del propellente a vari zeri. Nel 2014, infatti, nel mezzo della stagione la Gresini Racing entra pericolosamente in riserva. Il *main sponsor* non riesce ad assolvere gli impegni presi. È un intoppo serio che rischia di mettere in pericolo il finale di stagione.

«Buongiorno» chiamano dall'amministrazione di Faenza «dovremmo sollecitare il pagamento di una fattura che non risulta pervenuto. Ah, non perverrà?» Più o meno è andata così. Un viaggio sull'Autostrada del Sole, da Milano a Reggio Calabria, con l'unico distributore indicato sulla mappa, all'altezza di Roma, che, quando ci arrivi davanti per il rifornimento, è improvvisamente e definitivamente chiuso.

Le gare parallele che si corrono sui circuiti e negli uffici, con un'accelerazione e una firma sui contratti, sono parimenti importanti e strettamente dipendenti: se non si scende in pista non si acquisiscono sponsor, se non si acquisiscono sponsor non si scende in pista. Fausto e Carlo, quindi, devono correre su e giù per l'Europa con una tanica commerciale da riempire per riuscire a rabboccare le casse del team a ogni tappa. Un lavoro incredibile, spasmodico, intenso quanto oscuro, di cui nessuno si accorge nei motodromi o in televisione, dove tutto sembra assolutamente normale, ma che nasconde un impegno assimilabile a un'impresa epica.

La moto sulla griglia di partenza è l'anatra che si mostra placida nella sua abituale posizione, ma sotto la superficie dell'acqua, per stare a galla, agita le zampe come una dannata. Quelle zampe sono Carlo, ma, soprattutto, Fausto Gresini, il quale, per il suo team, ha sacrificato tutto. La famiglia, da cui sta lontano per tre quarti dell'anno; il cuore, caduto dalle moto di Kato e Simoncelli; la sicurezza economica personale, che deve mettere a rischio per coprire gli ettolitri di carburante mancanti. Anche perché intan-

austo e Nadia, giovanissimi e agli albori della loro storia, insieme nel circuito
Imola.

austo e Loris Capirossi, compagni di squadra della classe 125 nel Team Pileri.

Fausto *in action.*

1997, il Team Gresini debutta nel Motomondiale nella classe regina e affida
Honda NSR V bicilindrica al pilota brasiliano Alex Barros.

Fausto sul podio insieme al suo pilota Daijiro Kato.

Sete Gibernau manda dal podio un pensiero al compagno di squadra Kato, scomparso a Suzuka nella prima gara del campionato 2003.

Marco Melandri, campione del mondo 2002 nella classe 250, conquis
un fantastico secondo posto nel campionato della MotoGP nel 2005.

movistar
HONDA
33
domino
movistar
Castrol
74
HONDA
movistar

Toni Elias a Valencia. È il 2010 e il pilota spagnolo si laurea campione del mon
della Moto2 collezionando in quell'anno ben sette vittorie.

Marco Simoncelli, iridato della categoria 250 nel 2008, passa alla MotoGP
2010 con il Team San Carlo Honda Gresini.

re immagini del Sic. Nella stagione 2011, prima del tragico incidente di Sepang,
rco era salito sul podio a Brno e Phillip Island.

Fausto insieme a Marco Melandri. I colori, nel 2005, sono quelli del Team Movistar Honda.

Il reparto corse di Faenza.

arc Márquez sul gradino più alto del podio a Misano Adriatico, nel GP di San
arino del 2004.

Un'immagine di Nadia ai box.

Uno dei momenti più importanti nella storia della Gresini Racing: Enea Bastianini vince in Qatar il GP d'esordio del Motomondiale 2022 guidando una Ducati Desmosedici.

Álex e Marc Márquez dividono il podio al Sachsenring nel GP di Germania 2024. Una gara epica per i due piloti e per lo stesso Team Gresini, che in qu
stagione li fa correre insieme.

Ancora un'immagine dei due fratelli più famosi del motociclismo, questa volt
GP d'Aragona, dodicesima prova del Motomondiale 2024.

esteggiamenti dopo il GP di Germania del 2024.

La bellissima hospitality della Gresini Racing, che in ogni GP diventa la "casa" del Team e dei suoi ospiti.

Marc Márquez esulta insieme al Team dopo la vittoria al GP d'Aragona del 2024
È la prima conquistata in sella alla Ducati.

eanu Reeves e la compagna Alexandra Grant, qui insieme ad Ilenia Valentini, anno visita ai box del Team Gresini durante il GP di Germania del 2024.

adia, Carlo Merlini e Michele Masini insieme ai piloti Álex Márquez e Fermin ldeguer per la presentazione della stagione 2025.

Álex Márquez sul gradino più alto del podio a Jerez, nel GP di Spagna del 2025.

Sceso dalla moto, Álex porta a spasso il team su un altro mezzo, per festeggiar
bellissima vittoria di Jerez.

to, nello stesso anno, per la soddisfazione del maresciallo della Guardia di Finanza che non trovava corrispondenza tra il prestigio del nome e le dimensioni della sede legale, il team si trasferisce in un unico edificio che accorpa gli uffici e il reparto corse. In via Pana 26, a Faenza, duemila metri quadri tra uffici, magazzino e reparto corse, sono sormontati dall'insegna che ne attesta la proprietà: GRESINI RACING.

Gli uffici sono dotati di un sistema informatico avanzato, che gestisce in modo preciso e tempestivo tutte le operazioni amministrative, contabili e logistiche. Ilenia Valentini, finalmente, vede la trasposizione materiale dei numeri. A cosa corrispondono tutte quelle cifre, quei nomi, quelle attività che fino ad allora ha visto muoversi nei bilanci e nei budget, nei preventivi e nei contratti? Ora lo sa, ce l'ha davanti tutti i giorni. Non vede solo biglietti aerei, ma i ragazzi che partono. Non vede solo fatture per il trasporto dei mezzi, ma le moto che, attorno al 20 gennaio di ogni anno, salgono sugli aerei per andare a Sepang a fare i test invernali. Ora i numeri hanno una forma. Sono moto e persone che vivono, lavorano e crescono insieme. Tra queste, diventa grande anche Michele Masini, che Fausto vuol come team coordinator di Moto2 e Moto3. Fausto Gresini guarda sempre lontano e le nuove categorie, appena vengono introdotte, gli offrono la possibilità di dimostrare quanto il suo team sia esperto.

Lorenzo, il figlio maggiore di Fausto e Nadia. Ha vissuto sulla propria pelle il peso di questo lavoro, il costo che questo modello aziendale ha richiesto nell'ambito familiare, la grande porzione dell'area privata che si è preso. È cresciuto dividendo suo padre con i Gran Premi: una settimana a me e una a te, per tutto l'anno, per tanti anni. Figlio di un campione del mondo e figlioccio di un altro, Loris Capirossi, non può non amare le due ruote. Appena ha compiuto quattordici anni è salito sul suo primo motorino, un Ciao della Piaggio che però, assieme ai suoi amici, ha elaborato come una MotoGP. Quando apriva il gas per le strade di Imola, lo si sentiva anche sulle spiagge di Misano Adriatico, a Portoverde, dove trascorreva le estati con tutta la famiglia.

«Ma hanno fatto un aeroporto in città?» chiedeva qualche anziano seduto ai tavolini di un bar, mentre gli passava dietro il cinquantino potenziato. «Ma va' là» gli rispondeva il gestore, asciugando i bicchieri con la faccia contrariata «è il figlio del Gresini. Se continua così, tra Honda, Ducati, Aprilia e Yamaha, sulla griglia del prossimo Gran Premio ci troviamo anche la Piaggio, col suo Ciao.»

Le strade della città, però, non gli bastavano e ha chiesto di più: «Babbo, posso correre anch'io?».

«Assolutamente no!» In questo imperativo è finita la sua ambizione adolescenziale. Un categorico divieto imposto da chi ha già rischiato abbastanza da coprire la componente di pericolo e imprevedibilità per l'intera generazione che segue. Lorenzo, però, tiene viva la passione per i motori ed entra in azienda, sedendosi alla reception, finché non si libera un posto in amministrazione e gli viene assegnata una scrivania. Lui preferirebbe le quattro ruote, sogna di lavorare con le auto d'epoca e non esclude di farlo in futuro, ma non riesce a deludere le aspettative paterne, che pure gli lasciano ampie libertà.

«Oh» ribadisce Fausto «se vuoi fare altro... fai quello che vuoi, non c'è mica problema.» Questo dice verbalmente, ma i suoi occhi comunicano qualcosa di diverso. Lorenzo percepisce la gioia del padre nel vederlo lavorare al progetto che lui ha fondato, sviluppato, esteso e portato così in alto. Ci vede la continuità, il futuro, lo spostamento in avanti del punto che la fine dell'esistenza mette a ciò che l'essere umano ha creato. Il suo viso si illumina quando il primogenito entra nell'azienda che porta il suo cognome e Lorenzo non vuole spegnere questo disincanto, quindi decide di crescere con essa. Il suo primo ruolo alla Gresini Racing verrà poi ricoperto da sua sorella Alice.

Nel reparto corse, in quattro box indipendenti, equipaggiati con attrezzature innovative, vengono preparate le moto. C'è una sala per l'assemblaggio dei motori, una per i lavori di carrozzeria, un'officina e un'area dedicata alla realizzazione grafica delle moto, i cui modelli sono esposti all'ingresso dell'azienda, uno accanto all'altro, come la prima fila di un fiero battaglione in divisa. Tra le tante moto in esposizione, ci sono le Honda NSF100 che partecipavano ai trofei di Honda Italia con le livree storiche della Gresini Racing, come quelle di Barros, che riporta i colori della bandiera brasiliana, la Honda San Carlo di Simoncelli, la 74 di Kato, col nome di quello sponsor che sembra una beffa, un'ironica e sgradita presa in giro del destino: Fortuna.

I visitatori possono ammirare e toccare i modelli di MotoGP, Moto2 e Moto3, un reparto che, nel tempo, avrà come team manager un altro membro della famiglia: Luca Gresini, il secondogenito.

Una «sala museo» realizzata da Nadia contiene i cimeli della carriera di Fausto: moto, coppe, caschi e tute di un passato che sembra preistorico rispetto ai progressi tecnologici che hanno interessato il mondo delle corse.

«Guarda questi guanti» spiega Nadia guidando la visita di chi arriva per la prima volta in azienda. «Quelli del mio giardiniere sono più belli!» Effettivamente sono così sottili e consumati che non lasciano presupporre un gran potenziale protettivo, così come le tute, dalle cui ginocchiere spuntano pezzi di visiera. Sì, le visiere dei caschi. Venivano inserite all'altezza delle ginocchia, per proteggerle quando il pilota toccava terra nelle pieghe delle curve.

Le gigantografie sui muri ripercorrono la storia del team. Camminando con lo sguardo alle pareti, si vede Fausto in sella alla sua 125, con lo champagne da campione del mondo, che abbraccia i suoi piloti iridati e gli altri che hanno fatto un pezzo di storia con lui. Una storia che continua.

11

Una vittoria pulita

L'onda può essere alta o bassa e, quando fai surf, se trovi quella giusta puoi cavalcare un bel tratto di mare. Quella su cui sono saliti i piloti Gresini, con la H davanti, è stata lunga, ben diciott'anni. Dal 1997 al 2014, Honda e Gresini Racing hanno corso in tutte le categorie, hanno vinto due titoli mondiali e unito le forze in un sodalizio di mutua soddisfazione estremamente longevo, ma, nel 2015, le strade si dividono. L'Honda viaggia sospinta dal vento nipponico, mentre la scuderia di Faenza fila verso altre coste cavalcando una cresta tutta italiana. Il panorama della MotoGP viene scosso da una notizia significativa: Aprilia annuncia il suo ingresso nella classe regina. Per farlo si affida a Fausto Gresini, al suo team solido e rispettato nel paddock, giovane eppure già con una lunga storia di successi. Nasce così una collaborazione strategica: Aprilia fornisce la moto e le risorse tecniche, Gresini gestisce l'aspetto operativo e sportivo. Il primo anno è quello della transizione. La RS-GP non è ancora una moto del tutto nuova, ma un'evoluzione della vecchia ART. In pista ci sono Álvaro Bautista e Marco Melandri. Quest'ultimo, a metà stagione, scende dalla sella, su cui sale il tedesco Stefan Bradl. I risultati sono modesti, ma incoraggianti. Tre piazzamenti nella top ten non sono lo score dei bei tempi, ma bastano per perseguire l'obiettivo stagionale: raccogliere dati e costruire una base solida per il futuro. A questo contribuiscono la prima vittoria in Moto2 con i colori di Federal Oil, con cui Carlo Merlini ha stipulato un proficuo accordo di sponsorship. Il belga Xavier Siméon trionfa nel Gran Premio di Germania e, a fine stagione, è settimo in classifica generale. I migliori risultati arrivano in Moto3, dove il diciottenne Enea Bastianini lotta fino all'ultimo per il titolo mondiale. Totalizzando sei piazzamenti sul podio, tra cui un'esaltante vittoria, chiude il campionato al terzo posto. A seguirlo non c'è quel Michele Masini che lo ha visto montare sulla prima minimoto da bambino, perché Fausto gli ha affidato il ruolo di team coordinator, ma in MotoGP.

Nel 2016, Aprilia porta in pista la prima vera RS-GP progettata da zero. Con Bautista e Bradl alla guida, il team inizia a intravedere segnali di crescita, centrando la top ten con continuità. La moto è più affidabile, più stabile e permette di lottare a metà gruppo. In Moto2 e Moto3 le squadre sono di altissimo livello e si sfidano per il titolo iridato in entrambe le categorie. Il britannico Sam Lowes conquista due grandi vittorie nella classe di mezzo, piazzandosi al quinto posto nella classifica finale. Ancora una volta, però, è in Moto3 che si vedono i risultati migliori, nel presente e verso il futuro. Bastianini migliora lo score della precedente stagione ed è vicecampione del mondo. L'esordiente Fabio Di Giannantonio, appena maggiorenne, sfiora il titolo di «Rookie of the year».

Il 2017 è l'anno dei cambiamenti. In MotoGP arriva Aleix Espargaró, affiancato da Sam Lowes, salito di categoria, e si dimostra il pilota giusto per guidare lo sviluppo: grintoso, tecnico, porta la RS-GP quasi sempre nella top ten, fino all'infortunio subito in Australia, al terzultimo Gran Premio, in cui si frattura il quarto metacarpo della mano sinistra e deve chiudere anzitempo la stagione. Due sesti posti in Qatar e Aragona sono la conferma del suo ottimo lavoro. Fabio Di Giannantonio continua a crescere nella classe cadetta, da cui arrivano i risultati migliori. Diggia (com'è soprannominato Fabio) e lo spagnolo Jorge Martín ottengono quattordici podi, nove pole position e una vittoria, chiudendo entrambi nella top five mondiale.

Un altro iberico, Jorge Navarro, corre in Moto2. Per lui è un anno di apprendistato, ma che lascia intravedere prospettive interessanti. Nonostante ci siano tre spagnoli nel team, l'immagine è tutta nostrana, con i colori della nostra bandiera che rivestono le moto di italianità e fanno risuonare il nostro inno nazionale al termine delle gare del 2018. Espargaró rimane il punto di riferimento. Al suo fianco si continua a parlare inglese, anche se con voce diversa. Scott Redding prende il posto di Lowes, ma l'evoluzione tecnica rallenta, anche in Moto2, dove Navarro non va oltre una prima fila e qualche piazzamento in top ten.

I problemi di affidabilità sono tornati e i risultati restano sotto le attese. Un sesto posto dello spagnolo, sul circuito d'Aragona, è il miglior piazzamento di una stagione in chiaroscuro. Se in MotoGP è notte, nella classe minore è giorno pieno. La squadra corre sotto il nome di Del Conca Gresini. Il *title sponsor* è un'azienda di ceramiche, con cui il mondiale è stato piastrellato di vittorie (otto). Dopo la semina del biennio precedente, che ha fruttato il terzo posto del 2016 e il secondo del 2017, questo era atteso come l'anno della raccolta, della consacrazione, e così è stato. Fabio Di Giannantonio è secondo in un mondiale vinto da Jorge Martín. Il titolo piloti e quello a squadre portano il nome della Gresini Racing, per la terza volta campione del mondo.

Le vittorie sono le ciliegie d'estate, come i baci degli innamorati, come lo squacquerone nella piadina; non ci si sazia mai e in primavera si torna sull'asfalto dei circuiti. Si ricomincia con l'abruzzese Andrea Iannone al fianco di Espargaró. Il 3 novembre 2019, al termine della gara in Malesia, l'italiano viene sottoposto al test antidoping e nelle sue urine vengono trovate tracce di una sostanza dopante vietata. Questa aumenta la massa muscolare, ma non solo degli esseri umani. Il pilota, infatti, dichiara che la presenza della sostanza nel suo organismo è stata causata dall'ingestione di carne contaminata nel weekend a Sepang. Il Tribunale Arbitrale dello Sport, però, ritiene insufficienti le prove che Andrea porta a suffragio della sua tesi e impone una sanzione pesantissima: Iannone viene squalificato per quattro anni. Nel 2019, tuttavia, un nuovo tuono scuote le piste del Motomondiale: non è il rombo di pistoni impazziti, ma il sibilo fulmineo delle moto elettriche. Nasce la MotoE, categoria giovane e silenziosa, ma pronta a scrivere la sua storia. Fausto Gresini fiuta il cambiamento come un predatore antico che conosce il vento e si getta nella mischia con la determinazione di chi ha già attraversato tempeste.

Vuole arrivare in alto e lo fa partendo da... 3343 metri. È qui, dalla Marmolada, la vetta più alta delle Dolomiti, che prende slancio una collaborazione che unisce passione, tecnologia, spirito e sportivo e sostenibilità ambientale. La strategia commerciale della Gresini Racing punta a costruire un progetto pienamente in linea con i principi per i quali è nata la categoria elettrica, anche per quanto riguarda gli sponsor. Fausto e Carlo trovano il partner perfetto: il *title sponsor* per la MotoE è la Regione Trentino. Una collaborazione singolare e suggestiva, che formalmente si sviluppa come quelle stretta con gli sponsor privati, salvo un rigore burocratico e amministrativo elevato ai confini della pubblica amministrazione, trattandosi di soldi pubblici, ma per quello c'è Ilenia, che sta dietro alle tonnellate di documenti da fornire e portare alla firma del legale rappresentante.

Avere uno sponsor è determinante. Quando questo sponsor è un territorio come il Trentino è una boccata d'aria fresca. E pulita. Dopo la conferenza stampa di lancio del progetto, in montagna, durante la quale Gresini si è presentato come il primo team della MotoE, si passa alle due ruote. La squadra schiera Matteo Ferrari, pilota riminese ventiduenne che in gara si accende come le sue due ruote. Come Sylvester Stallone in *Over The Top* gira la visiera del berretto e cambia marcia alla spinta dei suoi muscoli nelle sfide a braccio di ferro, il ragazzo abbassa quella del casco e passa sotto la bandiera a scacchi sfoggiando l'aria pulita della vittoria, la sua e quella dell'ambiente.

La stagione prende il via tra l'incertezza e la curiosità, ma Gresini non si lascia distrarre. Ferrari sale in sella alla sua Energica Ego Corsa come un equilibrista su un filo d'alta tensione: la sua guida è pulita, chirurgica, capace di esplosioni improvvise, come un lampo che taglia il cielo sereno. Vince a Misano, doma la pioggia a Spielberg, danza tra i sorpassi a Valencia. Ogni curva è un'incisione sulla nuova pelle del motorsport elettrico. La costanza diventa l'arma segreta, l'intelligenza tattica il carburante invisibile di un mezzo che corre senza fare rumore, ma fa tremare i rivali.

Nel paddock si respira una corrente elettrica che non si vede, ma si sente. Il box Gresini è un alveare calmo solo in apparenza: sotto la superficie, il lavoro è frenetico, silenzioso, sincronizzato come un circuito perfetto. Fausto osserva tutto con gli occhi di chi conosce la battaglia e sa riconoscere il momento in cui il vento cambia. E il vento cambia. Quando il campionato si decide, è il suo pilota a tenere i nervi saldi, a evitare l'errore, a prendere ciò che il destino mette sul piatto con la calma di un giocatore di scacchi che ha previsto tutto tre mosse prima e alla fine è scacco matto. Matteo Ferrari è il primo campione del mondo di MotoE. Gresini Racing è il primo team a incidere il proprio nome sulla tavola elettrica della storia. È una vittoria che non esplode, ma pulsa, non brucia benzina, ma accende i cuori. Una vittoria che arriva senza il clamore meccanico, ma con la potenza che viaggia a trecento volt. Gresini conquista il futuro cavalcando il silenzio. Un silenzio che viene interrotto dall'inno nazionale, sul gradino più alto, che risuona anche sulle cime innevate del Trentino nella celebrazione di un duplice successo: sull'asfalto e sulla Terra, quella che va preservata per domani.

Il futuro, però, si guarda attraverso tante finestre e il team di Faenza vi si affaccia anche sul CIV, il Campionato Italiano Velocità, dove i giovanissimi di casa crescono strappando qualche podio e molte soddisfazioni. Anche tra le mura domestiche, perché uno di loro si chiama Luca Gresini.

Cresciuto anche lui con la passione per i motori, girava con le minimoto a quattro anni, ma solo attorno a casa. In pista, Fausto non lo faceva andare.

«Babbo, posso correre?» chiedeva.

«No» sentenziava lui con fare irremovibile, motivando il rifiuto, come aveva già fatto con Lorenzo, con tutte le conseguenze che aveva subito: «Io mi sono fatto male anche per voi».

Luca si è quindi dovuto accontentare di girare per la città con il cinquantino ereditato dal fratello, con cui andava a scuola, all'istituto di agraria. L'agraria, però, non ha dato i suoi frutti, perché il ragazzo si è stancato presto dei libri, a cui preferiva di gran lunga i motori, quindi ha iniziato a lavorare nell'azienda di famiglia, partendo dal gradino più basso dell'organigramma: addetto al servizio mensa. Apparecchiava e sparecchiava. Poi è passato alla manovalanza, lavorando nel reparto carpenteria, dove, di fatto, costruiva i box che venivano spediti in nave verso l'Australia, la Thailandia, il Giappone. Poiché ognuna di queste destinazioni richiedeva due mesi per la spedizione, non si poteva aspettare che un box tornasse da un circuito in Asia per andare in Oceania. Bisognava farne due per ogni tappa.

Intanto, non ha mai smesso di insistere per erodere la roccia della decisione paterna, come l'acqua con gli scogli. Magari ci mette tempo, tanto tempo, ma, con la pressione paziente e continua, ha la meglio su ciò che sembrava immobile e incrollabile. «Babbo, posso correre?» ha richiesto Luca al compimento dei diciassette anni.

«E fallo correre!» Stavolta ci si è messa anche Nadia. «Ormai non è più un bambino. Luca a diciassette anni ha la testa sulle spalle e può gareggiare.» Così è partito direttamente dal Campionato Italiano di Velocità con la Moto3. Si è trovato a competere con piloti che avevano fatto tutta la trafila dei circuiti e dei livelli in dieci anni di esperienza e non ha per niente sfigurato, anzi.

Alla fine del 2019, però, dopo tre anni di corse, è sceso dalla moto per occuparsene dai box e ha iniziato a lavorare come meccanico. «Io non farò mai il lavoro del babbo» diceva da bambino. Come dargli torto. Fausto era a casa una settimana ogni due e, quando c'era, ci dormiva e basta, perché usciva di casa alle otto di mattina e tornava alle nove di sera. E, invece, eccolo qua, pronto a seguirne le orme.

Nel giro di un paio d'anni sarebbe diventato team manager di Moto2 e avrebbe iniziato a girare il mondo. Proprio lui, che aveva paura di prendere l'aereo. Lo farà per saldare un debito che ha sentito verso suo padre. «Ho scelto di fare qualcosa per lui, che ha fatto tanto per noi.»

12

Duemila (senza) eventi

Un posto sì e uno no. Sulla seggiovia che porta alle piste da sci, domenica primo marzo, c'è una disordinata prudenza. Si impongono misure di sicurezza sanitarie, ma ancora non si capisce bene quale sia effettivamente il pericolo. Quanto è alta la possibilità di contagio? E contagio da cosa? COVID-19 dicono. Cioè? Quali sono i sintomi, le conseguenze? C'è tanta apprensione e i media cercano di arginare l'allarmismo invitando alla calma e suggerendo alcune misure cautelative, senza tuttavia precludere e vietare i contatti. La settimana prima che prenda il via il campionato del mondo motociclistico, alcuni membri del team si rilassano e rigenerano, con un orecchio proteso verso le notizie che arrivano a casa dal Qatar, sede della prima tappa, dove già si trova la squadra della Moto2, per effettuare dei test.

Chiude tutto! Scuole, uffici, locali pubblici e... trasporti, per il dilagare del virus l'Europa entra in lock down. Non si vola, non si va in Qatar. Il primo Gran Premio dell'anno è stato annullato e c'è un problema logistico non da poco. Bisogna rimpatriare tutto il gruppo della Moto2, che ha svolto i test inaugurali prima che arrivasse lo stop definitivo.

È un cataclisma che, come accade in ogni settore, salvo purtroppo quello farmaceutico, colpisce tutto l'ecosistema del commercio, dello sport e quindi anche dei motori. Se un improvviso e catastrofico mutamento climatico annientasse la vegetazione, le specie erbivore morirebbero di fame, seguite da quelle carnivore, che non avrebbero di che nutrirsi. La catena alimentare del commercio funziona allo stesso modo. Niente Gran Premi, niente *revenue* degli abbonamenti per le TV e niente diritti erogati, niente incassi delle biglietterie, niente visibilità per gli sponsor, né eventi contrattualizzati. Come gli altri team, la Gresini Racing non può offrire i servizi pattuiti e di conseguenza (drammatica conseguenza) non può rivendicarne il corrispettivo economico. Ha venduto la partecipazione a diciannove Gran Premi e c'è la possibilità che non se ne corra nemmeno uno o che, nella migliore delle ipotesi, il numero sia fortemente ridotto. La maggior parte degli incassi è a rischio. La macchina operativa, però, è sempre in funzione e presenta il conto, immutato almeno per l'ottanta per cento, a tutti i soggetti coinvolti: la FIM (Federazione Internazionale di Motociclismo), Dorna, la società che gestisce i diritti commerciali della MotoGP, le emittenti televisive, i circuiti, gli sponsor e i protagonisti di tutto questo grande circo, l'ultimo anello della catena, che, però, tiene in piedi tutto, ovvero i team. Con la pandemia si rischia il collasso. Senza gli sponsor non c'è carburante economico, né per le moto, né per le casse societarie, perché essi rappresentano il sessantacinque per cento delle entrate. Più del doppio della seconda voce tra le attività di bilancio, i contributi erogati dal mondiale.

Fausto inizia così un giro di colloqui senza precedenti, a cui non era preparato e nei quali non ha certezze da offrire. Non le ha il Ministero della Sanità, non le ha il Presidente del Consiglio, che aggiorna la popolazione sulle continue variazioni decisionali ogni sera; come potrebbe averle lui? Ai grandi punti interrogativi, che sterilizzano le strategie e non offrono garanzie agli investitori, seguono risposte inattese e ossigenanti: «Non vi preoccupate, noi rispetteremo comunque il contratto». Lo sente da un cliente, poi da un altro e un altro ancora. «Non è colpa vostra, onoreremo gli accordi», «verseremo comunque tutto il dovuto», «crediamo nel vostro progetto e andiamo fino in fondo».

I partner commerciali restano a bordo. Pagano regolarmente il biglietto per il viaggio stagionale, pur non sapendo su quali circuiti approderà, né quando ci arriverà. Se ci arriverà.

È un anno surreale. I circuiti, che solitamente fanno da cassa di risonanza dei motori, diffondono solo silenzio. Fitto, profondo, inquietante. Passano mesi senza vedere i piloti, i quali, durante la stagione ordinaria, si uniscono al team ogni due settimane, per le gare. Gli uomini in sella alle due ruote non sono come i giocatori di una squadra, che si allenano con lo staff della società, sul campo in cui questa ha sede. Seguono un training autonomo e indipendente, nella propria città, e si uniscono alla squadra solo per le gare o per i test.

All'inizio dell'estate, finalmente, ci si rivede. Dopo mesi apocalittici, che saranno raccontati nei libri di storia, si intravede la prospettiva di una ripresa. Con tutte le dovute precauzioni, si torna in pista, in Spagna, il 9 luglio. Il calendario del Motomondiale viene completamente ridisegnato, sulla base delle diverse leggi e restrizioni imposte nei vari paesi del mondo, ma con l'obiettivo di organizzare un numero minimo di corse necessario per la validità del mondiale. Vengono individuate le aree geografiche con le minori restrizioni e con la possibilità di spostamenti brevi, che consentano l'organizzazione delle gare a soli sette giorni di distanza, anziché i canonici quattordici. Si corre solo in Europa e molte delle tappe sono iberiche.

Si porta avanti un mondiale mutilato, che la Gresini Racing affronta con fame e gratitudine. Ogni chilometro conquistato sembra un regalo, ogni curva una rivendicazione della vita che riprende lentamente, una vita da affrontare proprio in quelle parti del circuito dove non si vede cosa c'è davanti, ma bisogna dare gas per tenere la moto in pista. I meccanici lavorano dietro le mascherine, i paddock sono deserti, gli abbracci vietati, ma il contatto dei cuori no. Quelli battono ancora, forte, vicino. I successi sono pochi, ma non è questo il punto. Il punto è esserci, lottare, ricominciare. Si riparte anche negli uffici, dove la tecnologia cambierà per sempre il volto delle comunicazioni, con le video call. Se prima Fausto doveva spendere una giornata per andare a Milano, a incontrare un potenziale sponsor che poi magari si rivelava inconsistente, d'ora in avanti è possibile ridurre gli incontri, almeno quelli conoscitivi, dove si fa una prima scrematura delle potenziali collaborazioni da instaurare, al tempo di un meeting davanti al computer.

Le gare, però, non si fanno sul monitor. Bisogna scendere in pista. Il 20 settembre le moto scattano sul circuito dell'Emilia-Romagna, il Misano World Circuit Marco Simoncelli. In MotoE vince Matteo Ferrari, che chiude la stagione sfiorando il titolo mondiale. In Moto3, Jeremy Alcoba viene premiato come «Rookie of the Year». Ancora una volta, il fiuto di Fausto Gresini per i talenti è sopraffino e continua a puntare su giovani promettenti. Ha sempre lo sguardo proiettato verso il futuro, anche quando vi si addensano le lugubri nubi della seconda ondata di

COVID. L'Italia richiude, l'emergenza riapre. La stagione è finita, portandone a conclusione un'altra più lunga. La stagione del motociclismo italiano targato Gresini Racing, perché il suo fondatore scende dalla moto che aveva creato. Smette di correre, per volare. Lontano.

13
Il CDA

«Vogliamo costituire un CDA.»

Sono frastornata. Fausto non è più con me da pochissimo tempo e vengo travolta da un martellante turbinio di impegni, progetti, proposte, termini che ignoro. I miei collaboratori, che fino a qualche settimana fa conoscevo solo di vista, almeno la maggior parte di loro, mi incalzano con questa necessità. Dobbiamo costituire un CDA. Ma... «Cos'è un CDA?»

Mi metto a studiare, faccio ricerche su internet per capire cosa si celi dietro questo acronimo. Perché serve un consiglio di amministrazione? Da chi dev'essere composto? Scopro che si tratta di un organo collegiale con il compito di gestire e amministrare la società, con specifiche funzioni, come definire le strategie aziendali, approvare il bilancio, prendere decisioni su operazioni straordinarie.

In pratica, tutto quello che faceva mio marito. Fausto era la traduzione visibile dell'operato di questo fantomatico CDA, che, in sua assenza, dovrebbe essere composto da più persone. Questo, in realtà, non mi stupisce. Fausto è stato un concentrato di varie figure professionali, altamente competenti, fuse in un solo uomo. È stato un commerciale: aveva un rapporto speciale con gli sponsor, che con lui non si sentivano investitori, ma membri di un gruppo, componenti del suo audace progetto.

Fausto non è stato soltanto un uomo di motori, ma un vero e proprio artista delle relazioni. Quando entrava in una stanza, portava con sé un'aura fatta di passione, empatia e determinazione. I titolari delle aziende, spesso abituati a trattative fredde e razionali, si ritrovavano spiazzati, nel senso buono, dal suo modo di fare. Diretto ma gentile, deciso ma sempre umano, non ha mai cercato solo sponsor, bensì alleati complici di un sogno. Ed è quasi sempre riuscito a trovarli. Aveva una capacità innata di capire le persone, di parlare al cuore prima ancora che alla mente. Bastavano pochi minuti, una stretta di mano sincera, e chiunque lo ascoltasse finiva per farsi trascinare nel suo mondo. Un mondo fatto di corse, sacrifici, adrenalina, ma anche e soprattutto di umanità. Gli sponsor non firmavano semplicemente contratti, si innamoravano del suo entusiasmo contagioso, della sua visione chiara, della sua capacità di far sentire ognuno parte di qualcosa di più grande. Con Fausto non si parlava solo di budget o visibilità. Si parlava di passione, di storia, di traguardi da conquistare insieme. Era questo il suo segreto: un carisma naturale, autentico, che non si può fingere. Così, anno dopo anno, ha costruito attorno a sé non solo una squadra, ma una vera e propria famiglia: la «Gresini family».

È stato un amministratore attento, capace di gestire le risorse finanziarie anche in tempi molto complicanti, trovando e spostando risorse come pedine di una scacchiera attaccate da una vorace regina contabile.

È stato un pilota, dunque sapeva come pensano i piloti, di cosa hanno bisogno, come dev'essere la moto e quale supporto umano e psicologico va garantito nei momenti più delicati.Mio marito era tutto quello che oggi, mi dicono, dovrebbe essere costituito da un gruppo eterogeneo di professionisti.

Allora vado nello studio notarile, accompagnata da due dei miei collaboratori e da mio cognato Danilo. Dopo il formale, quasi liturgico, discorso di apertura, il notaio mi porge la fatidica domanda: «Signora Padovani, quali sono i nomi delle persone che faranno parte del CDA? E quali incarichi dovranno ricoprire? Me ne deve dare almeno tre».

Ho un istante di esitazione... Lo guardo senza parlare, lasciando i presenti appesi a un silenzio protratto per un attimo che sembra molto più lungo della frazione di secondo che invece attraversa. Poi sciolgo i dubbi: «Nessuno!».

Rimangono tutti esterrefatti e increduli. Nessuno si aspettava questa risposta. Constatando il loro stupore, proseguo verso il notaio: «Io non conosco, lavorativamente parlando, nessuno di loro. Non so esattamente di cosa si occupano e in questo momento non posso dare incarichi senza sapere se saranno all'altezza del compito che dovranno svolgere. Quindi non posso costituire il CDA».

«Nadia» mi avverte qualcuno sottovoce «a breve dovrai prendere delle decisioni importanti, decisioni che potrebbero comportare un rischio imprenditoriale enorme...»

«Okay» ribatto decisa «ne sono consapevole e me ne assumerò la totale responsabilità. Fine del discorso!»

Non è una presa di posizione autoritaria, bensì una scelta dettata dalla necessità di fondare le decisioni importanti, come questa, su certezze assolute che, oggi, le persone con cui sto iniziando a lavorare non possono darmi. Sono comunque fiduciosa, so che hanno valore, anche se devo ancora capire quale sia, perché se mio marito si fidava di loro devono per forza essere elementi più che validi. Non voglio prendere decisioni affrettate senza averne piena consapevolezza, tutto qui. So benissimo, però, quanto sia fondamentale il lavoro di gruppo. Anzi, è proprio uscendo dallo studio notarile che vedo nitidamente la mia politica aziendale: lavorare in squadra, perché le aziende crescono con le idee condivise di tutte le persone che ne fanno parte. È dalla diversità di competenze e di visione, e dalla responsabilizzazione di ogni membro, che nasce l'innovazione. Un'azienda non è fatta solo di numeri e strategie. È fatta soprattutto di persone che scelgono ogni giorno di costruire qualcosa insieme. All'interno della Gresini Racing ogni risultato raggiunto è merito di un team affiatato, frutto di un equilibrio costruito giorno per giorno, con cura, rispetto e tanta determinazione.

14

Noi restiamo in pista

Sento il rombo dei motori e i miei figli che piangono. Il telefono che suona, la voce di Fausto, i tifosi che gridano, il cupo e improvviso silenzio. Poi vedo una penna, davanti a una serie infinita di carte da firmare. Siglo un documento e lo metto di lato. Lo faccio decine, centinaia di volte, ma la pila di fogli non si accorcia di un millimetro. Sento il rombo dei motori, i miei figli che piangono, la voce di Fausto e mi sveglio di soprassalto. Il cuore picchia più dei pistoni di una moto lanciata sul rettilineo. Ogni battito è una detonazione, un'esplosione di panico e paura, come se un motore impazzito nel mio torace spingesse accanito per sfondare il telaio. Ho il respiro corto, gli occhi spalancati e il sudore freddo. Non so se sono ancora dentro un sogno confusionario o è la realtà ad aver preso fuoco. Forse entrambe le cose. Mi manca la voce, da quando la voce della Gresini Racing sono io. Ho detto a tutti che restiamo in pista. «Dimostreremo al mondo chi è la Gresini Racing.» Okay, ma come si fa? Da dove comincio? Io sulla moto ci sono salita solo nella parte posteriore, era Fausto che guidava. E non intendo in un viaggio verso il mare, ma in questo lavoro, che era la sua vita e da ieri dev'essere la mia. Devo farmi aiutare, da chi, insieme a mio marito, ha dedicato gli ultimi vent'anni a questo sogno che si è fatto impresa e, come tale, ha delle responsabilità verso tutti coloro che ci lavorano. Chiamo subito Ilenia Valentini, Carlo, l'avvocato Ghirotti e il commercialista Visani, cioè le teste delle aree in cui si sviluppa l'azienda: gli uffici, la pista e un ponte tra i due. Mi raggiungono a casa, a Imola, e parto dalle basi, senza filtri: «Ragazzi, io non so esattamente come funziona questo mondo, ma voglio provarci per Fausto, perché questa azienda era la sua vita e per non lasciarvi senza un lavoro. Ma dovrete insegnarmi tutto, mi dovrete raccontare tutto senza omettere niente, sia il bello che il brutto. Siete pronti a portarlo avanti?».

«Certamente! Saremo al tuo fianco.»

Ilenia pianta i suoi occhi nei miei. Ci si infila dentro, come se volesse indirizzare il mio sguardo verso i suoi pensieri, che solo lo rivela (in futuro) esplicitamente: «Va' che grinta, questa. Se con Fausto davamo il cento per cento, con lei dovremo superare questa soglia». Posso contare su di lei, è stata la levatrice di quello che siamo. Ha preso l'amministrazione in braccio quando stavamo in un buco di ufficio e oggi è quasi il contrario, è l'amministrazione che tiene in braccio lei per quanto è cresciuta. Per lei è come guardare un bambino di un anno che si è fatto uomo. Spesso le mamme conservano le tacche sul muro dei centimetri che misuravano l'altezza dei figli nel corso degli anni. Ilenia lo fa guardando i numeri dei bilanci e dei budget, del personale e del posto in cui lavora. Erano una decina, ora siamo più di settanta. Erano in un pugno di metri quadri, ora sono duemila. Mi farò portare da lei in ogni centimetro della sede, per conoscere tutto e tutti, dietro le scrivanie o attorno alle moto, dove sta abitualmente Michele. «Ho ricevuto tante offerte» gli rivelo. «Molte persone si sono proposte per ricoprire la carica di direttore sportivo. Persone con una lunga esperienza e curricula corredati di successi. Io, però, ho pensato a te. La prima volta che hai messo piede da noi eri un ragazzino. Eri disposto a spazzare per terra, gratis, pur di stare qui, e so che hai ancora la stessa passione e la stessa devozione per questo lavoro, per questo gruppo. Fausto ha creduto in te e io voglio dare continuità alla sua visione. Tu sarai il nuovo direttore sportivo della Gresini Racing, se sei d'accordo. Sei d'accordo?»

«Nadia »

Rimane in silenzio alcuni lunghi secondi. Pensavo stesse riflettendo sulla proposta, invece cercava solo parole di gratitudine: «Ne sono onorato. Ce la metterò tutta». Anche lui è mosso da un'adrenalinica energia, con la quale dovremo portare le moto più avanti possibile. Già, ma quali moto?

Il contratto con l'Aprilia termina quest'anno. Deve aprirsi una nuova era, dopo le due precedenti iniziate con la Honda. «Nadia» mi confida Carlo «qualunque decisione prenderai, sarà rispettabile. Non voglio darti consigli che potrebbero condizionarti. Devi essere libera di decidere seguendo quella linea della storia che è visibile solo ai tuoi occhi. Io posso solo sperare che la tua scelta coincida con la mia, ma qualunque sia la accetterò.»

«D'accordo» concludo. «Come ho detto al funerale, noi restiamo in pista. Facciamo vedere al mondo chi è la Gresini Racing. Andiamo a lavorare!»

Ilenia mi mostra cosa succede in ogni angolo della nostra sede, presentandomi tutte le figure professionali che stanno dietro i volti che mi sorridono e le mani che stringo. Chi fa cosa? Che contratto ha? La sua retribuzione? Devo sapere tutto. Inizio a vivere in azienda, dalla mattina alla notte. A livello personale conoscevo tutti, ma nessuno nell'ambito di questa complicata professione.

«Chi cura l'amministrazione sei tu, giusto, Ilenia?»

«Giusto» conferma lei.

«Chi si occupa dell'Hospitality?» mi informo.

«Un team di dieci persone» risponde.

«E degli eventi?»

«Massimiliano Boselli.»

«Bene. C'è qualcuno che fa altro?» Ci siamo messe a ridere e piano piano, col passare dei giorni, ho preso confidenza con tutti i ruoli, associando un volto e una storia a ogni nome dell'organigramma.

Il 28 marzo inizia il mondiale. La squadra è in Qatar, io resto a casa. È così strano guardare la gara in TV e non vederlo inquadrato ai box. Senza di lui non sembra neanche il nostro box, nonostante i colori siano gli stessi, nonostante il nome sia il suo. Ma cos'è Gresini senza più Gresini? Sono io, ora, che devo dimostrarlo, e mi sale l'ansia. Vado solo a un paio di tappe, fatico ancora ad ambientarmi in questo mondo così frenetico, caotico, rumoroso e veloce. Troppo veloce. Lavorare in sede è come farlo in un qualunque posto di lavoro, non troppo diverso dall'ospedale in cui ho passato le giornate per tanti anni. Entri al mattino ed esci la sera. Nelle tante ore in mezzo fai quello che devi, fai quello che puoi, ma tutto accade lì. Andare in giro per il mondo è un'altra cosa. So che, comunque, il team è in buone mani, anche lontano da Faenza. Il 2021 è un lento ritorno alla normalità post COVID. Il 2 maggio, Fabio Di Giannantonio arriva davanti a Marco Bezzecchi e Sam Lowes, in Moto2. Era stato proprio Lowes a regalarci l'ultima vittoria, due anni fa. Fabio fa risuonare l'inno nazionale sopra il nome di Gresini. È una bella sensazione, un'iniezione di fiducia. È una scossa che arriva proprio nel turbine dei dubbi e della paura di non farcela. Sarò all'altezza?, mi chiedo nei momenti difficili, che non sono pochi. Questa vittoria è la voce che mi sussurra la risposta all'orecchio: *Sì. Ce la puoi fare. Ce la potete fare*. Il volume di questa voce si alza un po' di più il 29 agosto, quando, a Silverstone, Aleix Espargaró arriva terzo. Non è un risultato da poco. Erano sette anni che non salivamo sul podio, dal Gran Premio di Francia del 2014, con Álvaro Bautista. Centriamo le prime tre posizioni anche in Moto3, con Jeremy Alcoba e Gabriel Rodrigo. Il terzo posto nel mondiale di Matteo Ferrari in MotoE, poi, mi ricorda e mi dimostra che ci siamo, che siamo ancora in pista e possiamo anche mettere la moto davanti agli altri. Già, la moto. Ma quale? All'inizio della stagione abbiamo dovuto scegliere se proseguire con Aprilia o cambiare. Con la casa italiana paghiamo meno il noleggio dei mezzi, in virtù dell'accordo in base al quale, non potendo loro accedere direttamente al campionato del mondo, siamo il ponte di congiunzione tra la strada e i circuiti, tra le moto da vendere nei concessionari e quelle da piazzare sulla griglia di partenza di un Gran Premio. Cambiando, i costi aumenterebbero a dismisura, e c'è molto da riflettere. Ho preso in mano l'azienda a marzo e a giugno dobbiamo comunicare agli organizzatori con quale scuderia gareggiamo. Tre mesi per fare un lavoro per cui servirebbe un anno.

Tre mesi per trovare una moto e, per un team motociclistico, non è un dettaglio da poco.

Sento il rombo dei motori e i miei figli che piangono. Il telefono che suona, la voce di Fausto, i tifosi che gridano, il cupo e improvviso silenzio. Continuo ad avere attacchi di panico, quasi ogni notte. Mi sveglio di colpo, senza fiato. Bevo un bicchiere d'acqua e riprendo a lavorare. Già nel letto, studiando la situazione, formulando ipotesi e vagliandone le conseguenze.

Dorna Sports, la società che detiene i diritti commerciali e televisivi della MotoGP, nonché della Superbike e di altri campionati motociclistici internazionali, vuole giustamente un nome. «Lo sai che devi avere la squadra in MotoGP, vero?» mi dicono in spagnolo.

«Lo *sé*, lo *sé*.»

Io e Carlo iniziamo un giro di colloqui e incontriamo quelli con cui Fausto aveva intavolato le trattative. Parliamo con Aprilia e KTM, poi con Ducati. «Se fai il team con noi» propongono «ti diamo Enea Bastianini.»

Noi abbiamo un contratto con Fabio Di Giannantonio, preso in Moto2 con un accordo che l'avrebbe portato in MotoGP. Quell'accordo porta la firma di Fausto e io voglio onorarlo, quindi il suo nome tra i piloti dell'anno prossimo, nella classe principale, non può essere messo in discussione. Se però l'altro fosse Enea

Fausto li aveva portati entrambi al mondiale in Moto3, ora sarebbero in MotoGP, la massima competizione a cui può ambire chi vive sopra le due ruote. Io ci vedo un segno di continuità, l'anello di una storia che si congiunge, l'ultimo tratto di un disegno pensato e iniziato da mio marito. Ho visto quei due ragazzi insieme e in quei due, insieme, stava il progetto di Fausto. E poi, soprattutto, la Ducati è la Ducati. Con loro costruiamo un progetto tutto emiliano. Da qui, quindi, decido di ripartire. «Corriamo con Ducati!» Lo dico a Carlo, che mi esprime sinteticamente il suo punto di vista: «È un progetto molto costoso, sei sicura? I rischi a cui ti esponi sono tanti, ma forse ne vale la pena».

«Non ho dubbi, questo sarà il nostro progetto MotoGP Ducati con Enea Bastianini e Fabio Di Giannantonio. È quello che avrebbe fatto Fausto.»

C'è solo un problema. I costi sono enormi e, per quanto Carlo sia bravo, non abbiamo il budget per coprirli.

Nell'accordo con Aprilia, la maggioranza degli asset commerciali era loro. In pratica, la maggior parte dei centimetri che ricoprono la livrea della moto e la tuta dei piloti era coperta da loghi imposti dalla casa veneta. Senza Aprilia ci troviamo con una moto nuda e una tuta vuota. Bisogna riempire entrambe per raggiungere la cifra esorbitante necessaria.

«Iniziamo a contenere i costi» propone Carlo. Non possiamo farne a meno, quindi decidiamo di togliere una categoria. Moto2 è sulla rampa di lancio, quindi la scelta strategica è tenerla. In Moto3 abbiamo vinto un mondiale e siamo arrivati due volte secondi. È una decisione difficile, sofferta, ma è a questa che siamo costretti a rinunciare. In termini economici, la scelta si traduce nella volontà di spostare tutti gli sponsor. Il mio direttore commerciale si attacca al telefono: «Volete andare in MotoGP?». È un Everest da scalare moltiplicato per due, ma, di fronte a questa possibilità, buona parte degli sponsor della Moto3 e della Moto2 accetta il passaggio, con un congruo incremento degli investimenti. Bene. Ma non è abbastanza. Mancano ancora un sacco di soldi. Riusciamo a chiudere un contratto importante con un'azienda di Hong Kong, già presente nel Motomondiale, ma il budget non è per niente chiuso; mi assumo un rischio che non è da meno e chiamo la Ducati: «Okay, firmiamo con voi».

La vittoria di Fabio in Moto2 e il terzo posto di Aleix in MotoGP danno sensatezza alla decisione presa, ma ad agosto, appena Espargaró scende dal podio, ricevo una telefonata da Carlo. È più agitato di quanto lo sono io quando mi sveglio la notte, di soprassalto: «C'è un intoppo con l'ultimo sponsor, vuole parlarmi. Mi ha chiesto di incontrarlo alla prossima gara. Mi sa che c'è stato un improvviso ripensamento, lo sento!».

Eravamo tranquilli, perché c'era un contratto firmato, ma in questo mondo non sei mai tranquillo fino in fondo e tutto può sempre cambiare. Tra l'altro, voci da paddock (le solite malelingue) dicono che non avremo materiale di primo livello e poi... con una donna alla guida dove andiamo?

Farò rimangiare a tutti queste dicerie! Ma intanto dobbiamo affrontare l'ennesima difficoltà.

Panico. Diurno, reale, contabile. Non ho più gli incubi, ci sono dentro. Né io né Carlo riusciamo a dormire nelle notti che precedono il suo incontro, che conferma la previsione negativa. Proviamo a gestire il dialogo, evitando di esasperare la situazione, con determinazione, ma senza inutili impuntature, consapevoli che dobbiamo trovare una soluzione soddisfacente in ogni caso. Niente da fare, siamo costretti a rescindere il contratto. Se un pilota cade, in gara, può rimettersi in sella e proseguire, purché lo faccia autonomamente, con la moto ancora funzionante e prima che abbia compiuto il settantacinque per cento della corsa. La nostra deve ancora cominciare, abbiamo coraggio e volontà per rimontare in sella e dare gas. Carlo va a caccia di sponsor come un predatore nella savana, acquattandosi dietro i cespugli delle occasioni e azzannando l'opportunità appena questa muove un passo. Io sto attenta alla minima spesa, cercando di limitarla. Se prima ci rivolgevamo a un'agenzia per l'organizzazione dei viaggi, ora ce ne occupiamo noi. Biglietti aerei, andata e ritorno, per sessanta persone (quarantacinque nelle trasferte europee). Tra queste ci sono anch'io. Voglio andare sui circuiti! È la prima volta, dopo tanti anni, che ci presentiamo come team indipendente in MotoGp. Fausto aspettava questo momento da sette anni con grande entusiasmo, perché sarebbe tornato ad avere un team tutto suo, e io ora desidero essere presente! L'area sportiva è fondamentale per la Gresini Racing e voglio esserne parte attiva, voglio conoscere e imparare ogni sua sfumatura. Quindi, piena di fervore, entro nell'ufficio di Ilenia: «Ile! Vuoi venire con me?».

«Dove? Quando?» ribatte lei, un po' sbigottita.

«Vorrei che mi accompagnassi su tutti i circuiti del Motomondiale. In questi mesi abbiamo instaurato un rapporto bellissimo che va oltre la relazione di lavoro, quindi ti vorrei al mio fianco in questa nuova avventura. Lo sai che sei il mio braccio destro...»

«Wow! Certo che accetto! Non vedo l'ora di partire. Per me è un sogno che si avvera. Ho già la valigia pronta!»

Io e Ilenia ci sentiamo come Thelma e Louise, due donne che, con la loro determinazione e il sostegno reciproco, sono pronte a sfidare un mondo prettamente maschile. Come sarà entrarci? Quale sarà la reazione degli attori presenti da anni nel vedere una donna, a oggi l'unica donna a capo di un team di MotoGp? Non lo so, affronterò una cosa alla volta, un giorno alla volta, perché andare oltre mi fa stare male. Pensare troppo lontano senza Fausto mi fa stare male da morire. Un Gran Premio alla volta, dunque, partendo dal primo, a marzo, quando noi due voleremo da sole verso il Qatar. La squadra, infatti, partirà alcuni giorni prima per allestire i box. Io e Ilenia voleremo in Economy, con buona pace della mia schiena. Anche così riesco a dare ossigeno ai conti, lo faccio con tutto. Per ridurre i costi legati al peso, per esempio, abbiamo creato strutture più leggere. Diecimila euro di qua, dunque, venti di là. Risparmiamo trentamila da una parte e cinquantamila dall'altra.

Inoltre, provo anch'io a vestirmi da commerciale e mi metto alla ricerca di nuovi partner. Riesco a trovare alcune aziende che, attratte dalla mia tenacia, dal cuore e dal coraggio che dimostro in questo difficile momento, decidono di abbracciare il progetto. Alla fine ci ritroviamo un tesoretto che vale una sponsorizzazione. Ai primi di novembre arriviamo al *break-even*, il punto di pareggio, dove i ricavi equivalgono ai costi. Ricomincio a dormire e l'incubo si trasforma in sogno. Il 6 marzo 2022 parte il mondiale. Quando Bastianini taglia il primo traguardo dell'anno sono dentro un frullatore di emozioni. Piango singhiozzando quando quelli della Ducati mi corrono incontro per abbracciarmi. Corro nel parco chiuso perché Enea sta arrivando e io voglio stringerlo con quattro braccia. «No, Nadia» mi fermano, indicandomi un'altra destinazione. «Tu devi andare su.»

Io non capisco niente, fatico a parlare, soprattutto con tutti questi arabi di cui non comprendo una parola. Per fortuna che ci sono quelli di Dorna che parlano spagnolo. Stringo il mio pilota, che dedica la vittoria a Fausto. Una vittoria che mancava da quindici anni, dal 16 ottobre 2006. Nessun team indipendente aveva mai vinto un Gran Premio al debutto stagionale. Honda, Yamaha, KTM, tutti dietro.

«Ma pensa te » si dice in giro. «Guarda cos'hanno fatto 'sti quattro stronzi con a capo una donna!»

15

Due fratelli e una famiglia

Dopo la perdita di Kato, al Gran Premio seguente, Gibernau gli ha dedicato la vittoria. La morte di Simoncelli aveva tenuto Fausto nella tentazione di non finire la stagione, ma si è lasciato convincere a partecipare all'ultima gara, a Valencia. Michele Pirro, in Moto2, ha concluso la gara davanti a tutti, portando sulla carena il volto stilizzato di Marco e della sua folta chioma, con la scritta RACE YOUR LIFE.

Enea, nella prima gara della stagione, ha portato sul gradino più alto del podio il ricordo di Fausto. Sembra davvero un segno. Nella Bibbia, nella *Lettera ai Romani*, c'è scritto «non lasciarti vincere dal male, ma vinci il male con il bene». Queste vittorie hanno fatto bene e ci hanno riportato alla mente un altro bene, tutto quello fatto da chi ci ha lasciato. Un bene che vince il male, forte, talvolta insopportabile, per non avere più mio marito, il fondatore di questo team, e due nostri grandi piloti. Un bene che mi spinge ad andare avanti su questa strada e a seguire le mie intuizioni. C'è un pilota della Honda che mi piace, per esempio. Il paddock è un microcosmo in cui si sa tutto di tutti, è una bolla che isola i presenti dal frastuono dei motori e da quello mediatico di microfoni e telecamere. Nelle relazioni *one to one*, anche in quelle fugaci, si percepisce la sostanza che c'è dietro. Così, nelle veloci strette di mano, nei sorrisi scambiati incrociandosi, come nelle auto in cui ci si riconosce tra corsie opposte, con un colpo di clacson, nasce una simpatia istintiva con un pilota spagnolo. Si chiama Álex Márquez.

La Ducati si riprende Enea Bastianini, che passa al team Factory, e a noi serve uno che lo sostituisca. «Prendiamo Álex» dico a Michele. Ci siamo annusati, ci siamo conosciuti, ci siamo piaciuti. In MotoGP fa coppia con Di Giannantonio, che non conferma le aspettative della squadra. Il miglior piazzamento delle prime sette gare è un ottavo posto ben poco gratificante. Sto investendo molto su questo ragazzo, ma i risultati non arrivano. Inizio a supporre che ci sia un'incompatibilità di vedute. Moto e pilota sono due ingranaggi dello stesso motore. Se non combaciano perfettamente, questo gira a vuoto, e il nostro romba senza accelerare. Comincio a maturare l'idea di cambiare direzione. È un pensiero che prende corpo gara dopo gara, fino ad assumere la solida massa della convinzione in Olanda, quando si ritira. «Ci serve un nuovo pilota per la prossima stagione.»

«Chi?» mi chiedono i miei collaboratori.

«Non lo so.» Davvero non lo so. O, meglio, non lo so ancora, perché in realtà, senza che io ne abbia idea, c'è qualcosa che si sta muovendo nel sottobosco familiare dei piloti. Álex Márquez vive con suo fratello Marc, uno che ha vinto qualcosa come otto titoli mondiali. Uno in 125, uno in Moto2 e sei in MotoGP.

Tutte le domeniche (o i lunedì), quando i due tornano a casa dopo le gare, si ritrovano sotto lo stesso tetto, a parlare della stessa corsa ma da punti di vista diametralmente opposti.

«Andata bene, eh?» scherza Álex vedendo il fratello. Marc cade spesso, ed è stanco di sentirsi a pezzi, dopo le continue operazioni subite. La sua Honda non fa quello che vorrebbe lui, non è performante, non è ai suoi livelli e, oltre all'annichilimento dello spirito competitivo, gli provoca una costante frustrazione per l'incomunicabilità tecnica. In pratica, Marc Márquez torna a casa fisicamente provato, per non dire dolorante, e mentalmente esausto, con una rabbia che cresce sbattendo contro l'evidente serenità del fratello.

«E tu?» gli domanda per scoprire cosa c'è dietro quello stato di apparente e incomprensibile beatitudine.

«Benissimo. Mi sono divertito. La moto migliora, io pure.»

Benissimo?, si interroga Marc. Ma se ti sei ritirato? Ed è la terza volta nelle ultime quattro gare. Cosa c'è sotto? Álex è allegro, soddisfatto delle sue prestazioni e appagato dalla resa della sua Ducati, ma, soprattutto, sereno per un weekend di lavoro intenso affrontato con un gruppo in cui si sente a casa.

«*Gresini es una familia*» condivide il minore, svelando il segreto del suo benessere.

«Nadia, chi prendiamo per sostituire Di Giannantonio?»

«Non lo so, fammici pensare.»

Pensa e ripensa, il meccanismo cognitivo gira come la ruota di un criceto, senza produrre risultati, perché non ci sono strade percorribili, soluzioni materialmente attuabili, finché è la soluzione a trovare me, quando mi squilla il telefono.

«Pronto?»

«Ciao, Nadia, sono Jaime Martinez Recasens, il manager di Marc Márquez.»

«Ciao, Jaime, che piacere. Dimmi »

Cosa vuole da me il manager di Marc Márquez?, mi chiedo mentre la mia voce simula ordinarietà.

«Volevo chiederti Se Marc dovesse lasciare la Honda… se… voi gli dareste una moto?»

Una?, vorrebbe rispondere Nadia. Gli diamo la moto, il motorino, la bicicletta, la macchina, il pullman e il bilico che porta le moto in giro per l'Europa. Se Marc viene da noi può guidare quello che vuole. Forse anche il Boeing 737 per le trasferte extraeuropee, ma per quello devo chiedere conferma alla compagnia aerea. Questo vorrei dire, ma mi trattengo. La mia mente si divide in due, facendosi teatro di opposte rappresentazioni. In quella vera, ma con il sipario della voce ben chiuso, salto, faccio capriole, entro piroettando nel cerchio di fuoco e atterro in piedi con un inchino al dio dei motori che ha posato il suo sguardo benevolo su di me.

Nell'altro, quello recitato della risposta diplomatica, mi mostro semplicemente aperta all'eventualità: «Sì, se Marc lasciasse la Honda se... noi ci siamo. Farebbe molto bene anche ad Álex avere il fratello in squadra.»

«D'accordo» chiude Jaime soddisfatto «allora ti faccio sapere.»

«Ho trovato il pilota!» esulto coi miei, presentando il colpo risolutore: «Marc Márquez!».

L'entusiasmo è ovviamente condiviso, ma quando mi chiedono quale sia il grado di avanzamento della trattativa, mi trovo costretta a moderarlo. «Be'» spiego «c'è un interesse.»

«Un interesse? Tutto qui?»

«Sì. Per ora. Vediamo come procede.»

«Okay» si informano con la concretezza che è propria di questo mestiere «ma qual è il piano B nel caso in cui questa trattativa non andasse in porto?»

«Quale piano B?»

«Il piano B! Un'alternativa a Marc Márquez» spiegano.

«Ah, be'» rassicuro «l'alternativa è è »

«È?» incalzano.

«L'alternativa non c'è. Al momento non ce l'ho, non ho un piano B. Io voglio Marc Márquez!»

Non ci resta che aspettare, dunque. Passa un mese, due, tre. A luglio, agosto e settembre il telefono non squilla o, almeno, non mostra sul display il nome che bramo di vedere.

«Se...» ha detto e ribadito. Non è facile risolvere un contratto e quello tra Marc e la Honda scade tra un anno.

Il grado della mia fiducia decresce col passare del tempo e dei Gran Premi in cui lo vediamo sulla moto della casa giapponese. Gran Bretagna, Austria, San Marino, Aragona, Sepang. A ottobre ammetto un principio di panico. Manca un mese alla fine della stagione e non abbiamo un pilota per quella successiva.

Poi, finalmente, i pianeti si allineano. Il cosmo rombante ha partorito la sua decisione: «Ciao, Nadia. Okay, Marc ha risolto con la Honda. Correrà con voi».

Il 14 ottobre, in Indonesia, firmiamo il contratto. La stagione si chiude con il miglior congedo possibile di Fabio Di Giannantonio, che, indiavolato, vince il Gran Premio del Qatar. È stato Fausto a dargli la prima moto da professionista, come ha fatto con

Enea Bastianini e con molti altri. Il successo che gli auguro è anche quello dell'uomo che ha costruito il nome sotto cui lavorano con passione settanta persone. «Buona fortuna, Fabio.» Álex ha chiuso brillantemente una stagione di apprendistato, centrando un secondo posto in Malesia. Ha conosciuto la moto, l'ha studiata, l'ha fatta crescere nelle prestazioni ed è cresciuto con lei. Ha fatto quello che ci si aspettava da lui. In MotoE, Matteo Ferrari è arrivato terzo. Il lavoro di Filip Salač e Jeremy Alcoba in Moto2 porta a un modesto settimo posto nella classifica a squadre, ma poco importa. Il futuro inizia adesso e noi iniziamo a percorrerlo con i fratelli Márquez.

Gran Bretagna, Germania e Stati Uniti. Era dall'estate del 2006 che non salivamo sul podio per tre volte di fila. È successo diciott'anni fa, l'ultima volta. Sull'allora Honda Gresini c'era Marco Melandri. Oggi, sulla Ducati, il nome di Gresini sul palco della terna celebrata è sulla tuta dello spagnolo neoingaggiato. Secondo nel suo paese e in Francia, terzo in Catalogna. Ci vogliono appena tre gare di rodaggio, prima che metta a punto la Ducati come solo un fuoriclasse sa fare. Lui lo è e non solo in sella alla moto.

Ho visto piloti che non hanno vinto neanche una mano a briscola atteggiarsi da fenomeni, ragazzi che, saliti su un podio, erano convinti di essere ascesi alla santità motoristica e pontificavano addossando a ingegneri peccatori la colpa di costanti insuccessi. Poi, nei nostri box, è entrato Marc. Otto volte campione del mondo e lavora come se fosse un apprendista al suo primo giorno di prova. Umile, educato, sensibile e gentile. «Grazie» ripete in continuazione «per avermi dato l'opportunità di correre con voi.» Ma grazie a te!

La moto non è all'altezza delle Ducati ufficiali, ma lui arriva davanti a tutti quelli che corrono con lo stesso modello.

È una delizia per gli occhi e un balsamo per il cuore vederlo lavorare con suo fratello, che, al suo fianco, sente comunque la competizione. Confrontandosi con lui, con uno tra i migliori piloti della storia del Motomondiale, non può che crescere e migliorare costantemente, specie se l'approccio è quello modesto di chi vuole imparare e non si spaventa davanti alle sfide difficili.

Non sono mai stata più felice di dare un tetto, il cognome di mio marito, alla casa sportiva di due fratelli. Marc e Álex sono come due figli per noi e si sentono in famiglia. Il pluricampione del mondo non fa pesare minimamente il suo grado, anche in situazioni ben oltre la comprensibile normalità.

Cristian Massa, il nostro direttore della comunicazione, aveva avviato la campagna «Facciamo un cinema», in cui i piloti vengono inseriti in locandine cinematografiche di film dai titoli... rivisitati. Marc balla con suo fratello, riproponendo *Thaila Land*, la versione motoristica di *La La Land*; appare sotto un casco da astronauta, al posto di Matt Damon, nella riedizione di *The Martian*; è più terrificante di Jack Nicholson nel sequel inventato di *Shining*, *Gresining*, e, soprattutto, è il Wolf di *Wall Street*, ripreso in una scena del film tanto cult quanto imbarazzante. Cristian gli ha chiesto di fare Di Caprio, che strisciava verso la sua Lamborghini nel tentativo di salirci: «Allora, Marc, sdraiati per terra, e fingi di tirarti su facendo leva sui gomiti».

Ovviamente non c'era nulla vicino a lui, perché l'auto, di color azzurro Gresini, sarebbe stata inserita nel montaggio grafico. Quindi, un otto volte campione del mondo, si è sentito domandare di strisciare per terra senza alcun motivo logico, poiché non aveva idea di ciò che il direttore della comunicazione avrebbe fatto con quelle foto. Io, probabilmente, l'avrei mandato a quel paese. Marc, invece, ha solo abbozzato un comprensibile «questo qui è un pirla», però si è messo per terra: «Così va bene?».

«Più sdraiato.»

«Così?»

«Bravo, rantola un po' Okay, perfetto.»

Marc è uno del team che si comporta come se non avesse il ruolo di spicco che gli spetta, anche nelle decisioni più ordinarie.

«Dove andiamo a mangiare?»

«C'è una trattoria poco distante. È alla buona, ma si mangia bene.»

«Vieni anche tu, Marc?»

«Certo.»

Marc, come Álex e tutti noi, mangia l'amatriciana in un piatto di ceramica sbeccata. Sa che quello che conta non è tanto la forma, ma la sostanza. La carena può anche essere ammaccata, ma se il motore va forte ti porta al traguardo, anche davanti a tutti. Noi non siamo la Honda, la Yamaha o l'Aprilia, siamo una modesta trattoria del Motomondiale, ma da noi si mangiano pietanze squisite. Col tempo, punteremo anche alle stelle Michelin delle due ruote, intanto progrediamo facendoci la bocca di ottime prestazioni dei nostri piloti, che fanno anche ben sperare per il futuro. Finalmente ad Aragon arriva la prima vittoria di Marc tanto attesa e sperata. Sotto la visiera oscurata si intuisce il suo sorriso: è il segno del ritorno. C'è tanta carne al fuoco. Letteralmente, quando siamo in Australia.

A Phillip Island, infatti, prendiamo dei villini in affitto. Io lo divido con Ilenia e la sera ci riuniamo tutti per fare le grigliate. Il grasso sciolto sulla brace forma delle nuvole sopra di noi, ma sono nuvole profumate. Quelle grigie sono passate. Domenica 20 ottobre, Marc vince il Gran Premio d'Australia. È la terza volta che sale sul gradino più alto del podio con i nostri colori. A fine stagione sarà terzo nella classifica mondiale, ma il momento più intenso e significativo è stato quello della premiazione al Gran Premio di Germania. Marc secondo e Álex terzo. Il 7 luglio, al Sachsenring, sul podio c'erano due fratelli. Due fratelli della stessa famiglia, la nostra. E un momento ancora più emozionante è la vittoria a Misano con i colori con cui correva Fausto.

Peccato che Marc debba già lasciarci a fine stagione. Per me è ancora il migliore del mondo, anche se il mondo (delle moto) ha provato ad annientarlo. Come quella volta in cui l'abbiamo presentato al Cocoricò di Riccione, storica discoteca situata nel cuore della Romagna.

16

Un bambino con le scarpe nuove

Il paddock è un luogo che non dimentica. Tra il rumore dei compressori e l'odore acre della gomma, aleggia spesso qualcosa di più sottile e invisibile: la memoria. Quando è iniziata a circolare la voce che Marc Márquez stesse approdando da noi, l'eco si è trasformata in un mormorio rovente. Per molti è stato come se si fosse risvegliato un fantasma. Marc non è un pilota qualsiasi, è quello che, per i tanti tifosi di Valentino Rossi, aveva rovinato l'ultima occasione di gloria per il Dottore, nel 2015.

Quel rancore, sordo e cocente, è durato anni. Quando Márquez ha firmato con noi, il tempo sembrava non essere passato per una buona fetta di tifosi gialli, per cui il 2024 pareva un'eco rinvigorita del 2015. Qualcuno ha persino ritenuto oltraggiosa la sua presenza in un tempio della movida romagnola. La presentazione di Marc Márquez con i nostri colori era stata organizzata, infatti, al Cocoricò di Riccione.

Márquez in riviera?, hanno pensato. Mai! Ed ecco che nella nostra casella di posta elettronica sono arrivate mail minatorie che annunciavano invasioni di cavallette, pioggia di rane e Armageddon in varie forme, qualora lo spagnolo avesse messo piede sul sacro suolo giallognolo dei suoi «non tifosi».

Ci siamo fatti una risata e, naturalmente, non abbiamo cambiato di una virgola l'organizzazione di quel tanto atteso momento, affidata alla Gresini Events. Anche nel Gran Premio di San Marino e della Riviera di Rimini il dissenso si è fatto sentire. Sonoramente. Marc ha vinto la gara e, con la livrea di Fausto, sul gradino più alto del podio gli ha dedicato la vittoria. I tifosi di Misano fischiavano. Pecco Bagnaia ha incarnato il desiderio di tutti gli altri, di tutti quelli che comprendevano la toccante meraviglia di quel momento di sport e di vita, e li ha invitati a smettere, con gesti eloquenti.

È successo spesso che qualcuno provasse a intimidire Marc Márquez e a comprometterne la serenità. Volevano distruggerlo psicologicamente, ma uno così, uno come Marc, non lo tiri giù neanche con un cannone mediatico. Non puoi abbattere Marc, perché non si è mai staccato da terra. È rimasto con i piedi sull'asfalto, dove è caduto tante volte e altrettante si è rialzato. È tanto più facile cadere quanto più si arriva in alto, ma se tocchi la vetta restando piantato al suolo non ti schioda niente, e Marc è un campione del mondo che del mondo conosce anche la polvere, la terra, a cui è rimasto ancorato.

Nel 2020, durante la chiusura forzata del COVID, a Fausto era venuta un'idea che aveva condiviso con Ilenia e Max Boselli: «Organizziamo eventi!». E loro: «Organizziamo eventi? Non si esce nemmeno di casa!».

Da questa intuizione, nel dicembre 2022, nasce la Gresini Events. Avevamo organizzato la presentazione dei miei team nella sede. C'erano ancora le restrizioni imposte dal COVID e i presenti erano solo giornalisti. Ero soddisfatta per com'era venuta la prima presentazione che organizzavo con l'aiuto di Massimiliano Boselli, detto «Max».

Fino a pochi mesi prima non sapevo nemmeno che esistesse. Nel 2021 ero totalmente immersa nell'apprendere tutto quello che riguardava il funzionamento dell'azienda, i suoi meccanismi, l'amministrazione, il marketing, la gestione del personale… che non avevo fatto caso a questo signore magro, abbronzato e con la barbetta che si aggirava per i corridoi dell'azienda, tra i tanti.

Una mattina salii le scale per andare in ufficio. Mi apparve nuovamente davanti questa ignota figura maschile. Entrai nell'ufficio di Ile e le chiesi: «Scusa, Ile, chi è quel signore magro che ho incrociato adesso sulle scale?».

«Chi?» ribatté lei.

«Non so» cercai di identificarlo «è abbronzatissimo». Lei, ridendo, capì a chi mi stavo riferendo: «È

Max Boselli! È lui che si occupa degli eventi organizzati della Gresini Racing».

«Degli eventi? Ma quali eventi?»

A quel punto scesi le scale per incontrarlo, per presentarmi e scusarmi per non averlo mai preso in considerazione: «Ciao, Max, sono Nadia. Lo so che è passato tanto tempo da quando ho preso in mano l'azienda, mi scuso per non averti mai parlato, anche semplicemente per sapere di che cosa ti occupi...».

«Non preoccuparti» ha risposto capendo la situazione «ma stavo cominciando a pensare di cambiare lavoro.» Siamo scoppiati entrambi in una rumorosa risata.

Da quel giorno ho capito che organizzare eventi per aziende legate al motorsport, ma anche estranee a questo mondo, sarebbe stata un'occasione potentissima per costruire relazioni B2B di valore e durature. Chi partecipa ai nostri eventi oggi, domani potrebbe diventare sponsor, partner tecnico, fornitore.

La Gresini Events, quindi, è diventata una società autonoma, con un gruppo di professionisti che si occupano di tutte le fasi dell'organizzazione di eventi di ogni tipo – meeting, congressi, seminari, lanci prodotto, inaugurazioni, team building aziendali, viaggi incentive, racing experience, road show, campagne di marketing – e, naturalmente, rendono anche significativi i momenti speciali della Gresini Racing, come la presentazione della stagione 2024.

«Io venivo qui a ballare quando avevo vent'anni» ho detto alla presentatrice, in apertura di serata. In una manciata di secondi ho attraversato più di trent'anni, sorprendendomi nel vedermi dove mi trovavo in quel momento: a capo di un team indipendente, creato da zero da mio marito in una sede più piccola di quel palco, che nel 2024 si presentava con dieci titoli mondiali nel proprio arco (otto di Marc Márquez e due di Álex Márquez).

Poi, in un turbinio di luci sobbalzanti a ogni colpo di cassa, sotto un caleidoscopio di colori in suggestivo movimento e tra ballerine e ballerini ammalianti, sono comparse sul palco le due moto dei nostri piloti. La numero 73 di Álex e la 93 di Marc, di quell'azzurro che ho personalmente scelto e voluto, dopo un accurato lavoro di ricerca e selezioni compiuto assieme ad Aldo Drudi.

Álex, presentato per primo, ha fatto gli onori di casa, accogliendo il fratello, che si è presentato per come è esattamente: «Sono come un bambino con le scarpe nuove, che vuole cercare di imparare le cose».

Uno che dovrebbe insegnare era pronto a imparare. Cosa non del tutto frequente, in un mondo in cui c'è chi insegna senza aver mai imparato nulla. Disinvolto al microfono, come in pista, ha spiegato la sua scelta: «Cercavo una cosa diversa, una cosa che non avevo sentito mai: divertirmi ancora su una moto e il Team Gresini è stato l'unico che mi ha aspettato. Mi ha dato il mio tempo. È una sfida rischiosa ma molto bella per me e per questo team, che ha tanta storia».

Una storia che, da quel momento, aveva un capitolo in più. Uno tra i più belli.

Oltre alla campagna sui film del 2024, quest'anno ne stiamo realizzando una «Gresini Records», che ritrae i nostri piloti sulle copertine di dischi che hanno fatto la storia della musica, come *Nevermind* dei Nirvana, forse la copertina più famosa della discografia, assieme ad *Abbey Road* dei Beatles e *The Dark Side of the Moon* dei Pink Floyd. Il bambino sott'acqua, nel 2025, sarà Fermín Aldeguer, il nostro pilota ventenne che, come chi l'ha preceduto, impara a nuotare a trecento all'ora.

Chissà quali altre copertine inventeranno. Perché la nostra musica continua. La suoniamo, in pista, e la balliamo, come abbiamo fatto al Cocoricò, come facciamo con Álex e Fermín quando arrivano fra i primi tre. Loro sul podio e noi sotto, facendo gli stessi passi. Quelli che dal 1996 ci hanno portato a oggi.

17

Welcome!

«Prego, prego, accomodatevi.» In ogni Gran Premio c'è una «casa Gresini», l'area accoglienza in cui vengono invitati gli ospiti, gli sponsor e i clienti che vogliono vivere l'esperienza unica di una competizione dall'interno, dal cuore pulsante della gara, prima, durante e dopo la stessa. Quando la Gresini Racing era una manciata di meccanici attorno a due piloti, con Fausto a capo e una factotum, l'Hospitality era una cubatura limitata da quattro pannelli di legno e un viavai di amici che portavano cibo da casa. Oggi è una moderna struttura di duecentocinquanta metri quadrati, con settantacinque posti a sedere attorno a tavoli dalla *mise en place* curata nei dettagli, con piatti di porcellana e doppi bicchieri. Un ambiente itinerante, ma stabile e accogliente come casa propria per chiunque vi entri, con il pavimento in parquet e la temperatura ottimale stabilizzata dall'impianto di climatizzazione, particolare non del tutto irrilevante quando si è in Italia, Spagna, Inghilterra, Francia o Germania. Due bilici laterali, collegati da un'intelaiatura rigida in alluminio e PVC, si uniscono a un altro posteriore, dov'è situata la cucina, e a un quarto utilizzato durante il montaggio e lo smontaggio per stoccare il materiale usato durante la settimana, compreso tutto il carico alimentare, a cui pensa Maura.

Maura è una donna pesarese cresciuta tra i fornelli dei ristoranti di famiglia. Quando suo figlio, appassionato di moto, ha iniziato a correre nel campionato Superbike, ha comprato un camion settato per la cucina itinerante e ha iniziato a seguirlo in giro per l'Italia preparandogli i piatti che oggi, con la stessa attenzione e premura, offre allo staff del nostro team e agli ospiti per tutta la durata della trasferta.

Lei, però, giunge sul posto già tre o quattro giorni in anticipo rispetto ai primi arrivi e pianifica tutto il lavoro della stagione alla fine di quella precedente. Nei tre mesi invernali di stop, da dicembre a marzo, elabora i menu di ogni Gran Premio, il che significa due pasti al giorno (pranzo e cena) per cinque o sei giorni. Sempre diversi, per ogni tappa. Quello che si mangia un giovedì a pranzo in Portogallo, un venerdì sera in Austria o una domenica a mezzogiorno in Francia, si mangia solo in quell'occasione e mai più. Una decina di menu per ogni settimana di gara, moltiplicati per quattordici tappe europee all'anno, fanno centoquaranta menu. Centoquaranta menu diversi! Una media di milleduecento pasti ogni due settimane, da marzo a novembre. Qualcosa come ventiquattromila piatti. Ecco perché ci lavora già nei mesi invernali, selezionando e studiando le portate, acquistando i prodotti sulla base del numero di ospiti fornito dal dipartimento commerciale e marketing in relazione agli accordi con gli sponsor.

Il programma VIP Hospitality/Team Experience è una componente importantissima all'interno delle sponsorship Gresini Racing. Sponsor e ospiti possono accedere a quest'area esclusiva, la casa Gresini per intenderci, dove incontrano Nadia, la padrona di casa, ma anche Elena Galli e Richard Smith del team marketing Gresini Racing, che organizzano per loro un vasto pacchetto di esperienze. Li accompagnano in visite guidate ai box, gli fanno incontrare i piloti, disponibili a mettersi in posa per una foto. Li conducono a bordo pista, su una strada di servizio, per farli assistere alle azioni in posizione privilegiata. Quello che offre il team non è un biglietto in tribuna, ma ciò che gli inglesi chiamano «Money Can't Buy», un'intensa partecipazione alla corsa. Come se, nel calcio, si potesse assistere a una partita dalla panchina e dagli spogliatoi, aspettando le gare con i protagonisti e festeggiando con loro al termine della competizione.

Per questo, il numero dei partecipanti cresce progressivamente con l'avvicinarsi della corsa. Se il mercoledì e il giovedì ci sono solo i membri dello staff, cioè una sessantina di persone, nel weekend si raggiungono le trecento presenze, sempre che non arrivi Keanu Reeves, e allora c'è più gente nella nostra Hospitality che a un matrimonio reale. Al Gran Premio di Germania del 2024, infatti, la squadra ha ricevuto la visita del celebre attore canadese, noto per la sua passione motociclistica. È stato lui a sventolare la bandiera a scacchi sulla testa di Pecco Bagnaia, che ha tagliato il traguardo per primo, e poi sulla testa dei nostri piloti, Marc e Álex, secondo e terzo. «Matrix» ha voluto conoscerli e i cinquecento presenti nel nostro spazio avrebbero voluto conoscere lui, ma non tutti ci sono riusciti. Maura, per esempio, saltellava per cercare di superare in volo la testa dei presenti, al fine di scorgerlo al centro dell'area, nell'isola in cui viene allestito il ricco buffet a cui partecipano anche i piloti, ma solo il mercoledì e il giovedì, giorni liberi dalla dieta.

Dal venerdì entrano in un regime di rigido controllo alimentare. Maura riceve dai loro manager le informazioni su ciò che possono e vogliono mangiare all'inizio della stagione. Petto di pollo ai ferri, salmone alla griglia, riso in bianco. Robe da atleti, insomma. Di certo non possono mangiare la pizza con l'ananas. Certo, quella dovrebbe essere vietata per legge, se non altro per il grave colpo che una richiesta del genere infligge a un animo gastronomicamente sensibile come quello di Maura.

«Maura» le ha chiesto Álex Márquez appena arrivato «mi fai la pizza con l'ananas?»

Abbiamo dovuto rianimarla, facendole annusare una piadina con lo squacquerone. Non ha retto a una richiesta simile. Poi, addirittura, siccome è mamma di un ex pilota anche lei e tiene tanto ai nostri ragazzi, si è spinta fino al limite estremo della sua generosità: «*Varda*» gli ha risposto rimarcando il dialetto, ad accentuare la gravità dell'affronto «io te la faccio la pizza con l'ananas, ma solo quando vinci un Gran Premio, *vè*».

«Va bene» ha accettato Álex chiudendo l'affare. Ed è salito sulla nuova Ducati, impaziente, carico e motivato a iniziare il 2025, che sicuramente, nonostante le promesse, non sarà una pizza.

18

La pizza con l’ananas

Ho dormito. Ho dormito bene. Il volo per la Thailandia è stato lungo, ma almeno ho viaggiato comodamente. Allungando le gambe, in aereo, non potevo fare a meno di ricordare quando, per risparmiare sui voli e iscriverci al mondiale del 2022, attraversavo i continenti rannicchiata negli stretti spazi dell’Economy. Sono passati tre anni, eppure sembra una vita. In effetti, forse, lo è. La mia, quella di Fausto, quella della Gresini Racing. Abbiamo superato difficoltà insormontabili, prima fra tutte la perdita del fondatore e colonna portante dell’azienda. Sostituirlo non sarebbe stato facile nemmeno per uno che ricopriva un ruolo analogo, un esperto di Motomondiale, figuriamoci per me, che ho vissuto questo mondo solo attraverso il filtro descrittivo di mio marito. Però siamo qua, pronti a iniziare un’altra stagione da protagonisti, dopo essere cresciuti molto umanamente, professionalmente e tecnicamente. La nostra moto sembra andare forte. I test invernali sono stati più che incoraggianti. Ce la giochiamo con tutti, pur essendo una piccola struttura, da team indipendente, rispetto ai colossi dei team Factory. E questo grazie a tutte le persone che hanno continuato a credere nel progetto, questi professionisti meravigliosi che da anni (alcuni quasi dalla fondazione) vivono nel paddock per duecento giorni l'anno e, per gli altri, nella sede di Faenza. E grazie agli sponsor che, ogni anno, ci danno fiducia, traendo beneficio dai risultati che loro stessi ci consentono di ottenere. La nostra forza sta principalmente nel gruppo, nelle singole capacità che, riunite, costruiscono un motore potente e perfettamente funzionante, esattamente come gli ingranaggi meccanici. Anche la più piccola vite è preziosa in una moto. Anche la più piccola vita è preziosa per chi di moto vive. I giovani, che da noi cominciano a lavorare molto presto, come mio figlio che ha messo piede in azienda a sedici anni, sono infatti una garanzia per la solidità del nostro futuro. I più grandi, oltre a essere la voce di un passato che continua a insegnare, sono un presente in continua evoluzione. La tecnologia, l'economia, le relazioni, oggi va tutto incredibilmente veloce e noi restiamo in sella, dando anche gas, anche per mano dei nostri terminali, i piloti, coloro che, da soli, concretizzano in pochi giri il lavoro di un anno di tutta la squadra.

Quest'anno puntiamo su Matteo Ferrari e Alessio Finello in MotoE, Albert Arenas e Darryn Binder in

Moto2 e il giovane Fermín Aldeguer, precoce talento spagnolo, che affianca Álex Márquez in MotoGP.

Mercoledì 26 marzo sono tutti qui, a Buriram, per il debutto stagionale di questo weekend.

Neanche il tempo di arrivare al circuito e vedo i meccanici già al lavoro, con Michele Masini che sembra sbarcato un mese fa, da come si è acclimatato. Io ci metterò un po' di più. Sono partita da Bologna, con Ilenia, con meno di dieci gradi e ne ho trovati ventisette. Fanno il set up delle moto e il briefing col personale Ducati, che ci mette a disposizione tre ingegneri. Decidono cosa tenere e cosa cambiare da un giorno all'altro, da una gara all'altra. Montano e smontano i motori in base al chilometraggio. Quelli «più freschi» li tengono per la *sprint race* e la gara, quelli con più chilometri li usiamo al venerdì. Certo, la differenza tra un motore che ha fatto cinquecento chilometri e uno nuovo è davvero poca, ma qualunque cosa ci possa dare un millesimo di secondo in più a giro è oro.

A pranzo ci troviamo tutti nell'Hospitality. I piloti non sono in regime dietetico fino a venerdì, quindi si godono il ricco e saporito buffet, aggiungendo richieste particolari.

«Maura» domanda Álex con un accento spagnolo tenero quasi quanto la sua espressione da cucciolo affamato «mi fai la pizza con l'ananas?»

«Certo che te la faccio la pizza con l'ananas, ma

quando vinci la gara. Un piatto del genere, per me, è un *sacrifizio* troppo grande e deve avere un premio molto alto. *Capissi*?»

«*Bueno*» comprende lui «allora inizia a impastare, perché quest'anno me la fai.»

«Non vedo l'ora» conclude la cuoca.

Anch'io non vedo l'ora. Al debutto, nel 2022, abbiamo vinto con Enea. Che emozione pazzesca. Si è ripetuta altre otto volte da allora, l'ultima l'anno scorso, quando, in Australia, abbiamo stappato lo spumante con Marc. A proposito di Marc, rivederlo è sempre un grande piacere, anche se è passato alla casa madre. Mi bacia e mi stringe. Sono contenta che abbia vinto lui. Già, perché intanto la gara è iniziata e finita. Primo Marc, secondo Álex. Primo Gran Premio dell'anno, primo podio, dietro solo al miglior pilota del mondo con la moto migliore. Quando arrivano al parco chiuso ci abbracciano entrambi. Mi trovo tra due fratelli, di due squadre diverse, ma nelle stesse braccia. Torniamo a casa felici. Abbiamo fatto un ottimo lavoro e continuiamo a farlo anche in vista della seconda tappa, in Argentina, che sembra una fotocopia della prima.

Due gare con gli stessi piazzamenti nei primi due posti: Marc e Álex Márquez, in quest'ordine. Il nostro pilota deve tenersi la voglia e quasi se la toglie in Texas, nel terzo appuntamento dell'anno. Suo fratello esce. Vince Pecco Bagnaia e lui arriva ancora secondo, per la terza volta di fila, ma glielo preparerei io con le mie mani il suo piatto preferito, perché se lo merita. Con il ritiro di Marc, Álex Márquez della Gresini Racing è in testa al mondiale di MotoGP. Non stiamo nella pelle. Tre anni fa c'erano sponsor che rescindevano il contratto dopo aver saputo che la guida del team era stata assunta da una donna. Ci davano per spacciati. Oggi siamo davanti a team Factory come Yamaha, KTM, Aprilia, Honda e, almeno per due settimane, anche alla Ducati stessa. Siamo davanti a tutti e ad aprile si corre in Qatar, dove abbiamo vinto in due delle ultime tre edizioni.

«Maura, mi fai la pizza con l'ananas?»

La nostra cuoca stavolta può stare tranquilla, perché lo spagnolo arriva sesto, dietro il suo connazionale e compagno di box che va fortissimo. Aldeguer sta crescendo di gara in gara.

Il 27 aprile andiamo a casa loro, sul circuito di Jerez de la Frontera.

«Áleeeex, vieni! È pronta la pizza con l'ananas!»

Non riesco ancora ad abituarmi. Vedere il nostro pilota, con il nome e la storia di mio marito addosso, mi fa piangere sempre. Álex Márquez ha vinto il Gran Premio di Spagna. Lui balla sul podio e noi sotto. Lui stappa il prosecco della vittoria, noi ci bagniamo di felicità con le gocce che cadono. Dal podio. Dal cielo.

Álex Márquez: io e i Gresini

Stare su quella moto per me è libertà, è responsabilità, è anche un modo per esprimere chi sono. Quando si abbassa la visiera, tutto sparisce: le pressioni, i discorsi, le interviste. Rimaniamo solo io, la moto e la pista. È il mio spazio. E quando la moto «parla» bene con te, è come danzare. Velocemente, ma con precisione. È una sensazione unica, com'è unico questo team. Con questi colori, come pilota e come uomo, sono cresciuto tanto.

È stato come tornare a respirare. Venivo da anni difficili, ma qui ho trovato una famiglia e un gruppo che ha creduto in me quando nessuno lo stava facendo.

Sono cresciuto perché ho imparato a gestire meglio la pressione, a lavorare su me stesso. Anche come uomo ho fatto un passo in avanti. Ho più fiducia, più visione. Più... calma.

Ogni volta che scendo dalla moto, l'accoglienza che mi riservano è di pura passione. Vi dico la verità: non è scontato. In un team come questo, ogni volta che rientri ai box senti le mani che ti battono sul cupolino, i sorrisi, anche quando le cose non vanno al cento per cento.

E quando salgo sul podio... be', lì senti di rappresentare qualcosa di più grande di te. Non solo un pilota, ma un gruppo, una famiglia, una storia, a cui si legano i risultati, come la mia ultima vittoria. *Por fin*, ho pensato in quell'occasione. *Finalmente*. Ho rivisto tutto il lavoro fatto, la fatica, gli errori, le cadute, dentro e fuori dalla pista. Poi ho provato gratitudine. Per chi mi ha aspettato, per chi ha spinto anche quando non ci credeva nessuno. E sinceramente... anche un po' di rivincita.

Il mio rapporto con Nadia è speciale. È una persona vera, passionale, sempre sul pezzo. Ti guarda negli occhi, ti parla chiaro. Avere una figura così nel box è fondamentale.

Con tutto il team, poi, siamo una famiglia. Non è solo una parola. Mangiamo insieme, ridiamo insieme, ci arrabbiamo anche, certo, ma siamo legati. Sempre, lo ripeto, non solo quando vinci.

Mi diverto con loro, mi diverto su questa moto, mi diverto con questo team. E quando non mi diverto, mi preoccupo, perché alla fine, anche se è lavoro, anche se c'è pressione, se non ti diverti non riesci a dare tutto. Io mi diverto a guidare, a lottare, anche nei duelli corpo a corpo. La competizione è parte di me. Ma anche il sorriso.

Gresini Racing è questo: un sogno che corre, un cuore che non smetterà mai di battere. Una storia scritta con il gas e con l'anima.

Questo libro è stampato fabbricato da Grafica Veneta S.p.A.
con un processo di stampa e rilegatura certificato 100% carbon neutral
in accordo con PAS 2060 BSI

Finito di stampare nel mese di agosto 2025
per conto di RCS MediaGroup S.p.A.,
da Grafica Veneta S.p.A., via Malcanton 2, Trebaseleghe (Padova)
Printed in Italy